Marieta Koopmans
Feedback:
Kritik äußern – Kritik annehmen

W0088121

www.junfermann.de

blogweise.junfermann.de

www.facebook.com/junfermann

twitter.com/junfermann

www.youtube.com/user/Junfermann

MARIETA KOOPMANS

FEEDBACK: KRITIK ÄUSSERN – KRITIK ANNEHMEN

Aus dem Niederländischen
von Waltraud Heitzer-Gores

Junfermann Verlag
Paderborn
2016

Copyright	© der deutschen Ausgabe: Junfermann Verlag, Paderborn 2016
	Copyright © der Originalausgabe: Thema, Zaltbommel 2007
	Originaltitel: Feedback. Commentaar geven en ontvangen
Übersetzung	Waltraud Heitzer-Gores
Coverfoto	© weerapat1003 – Fotolia
Covergestaltung / Reihenentwurf	Christian Tschepp

Satz	Peter Marwitz, Kiel (etherial.de)
Bibliografische Information der Deutschen Nationalbibliothek	Die Deutsche Nationalbibliothek verzeichnet diese Publikation in der Deutschen Nationalbibliografie; detaillierte bibliografische Daten sind im Internet über ↗ http://dnb.d-nb.de abrufbar.

ISBN 978-3-95571-424-6

Dieses Buch erscheint parallel als E-Book
ISBN: 978-3-95571-516-8 (EPUB), 978-3-95571-517-5 (MOBI), 978-3-95571-518-2 (PDF).

Inhalt

Ich widme dieses Buch meinen Kindern Eva und Jan. Von ihnen habe ich viel über mich selbst gelernt, über meine Empfindlichkeiten, meine Grenzen, meine Fallstricke und Allergien. Und ich lerne immer noch von ihnen.

Einführung

Die erste Version dieses Buches verfasste ich 1993, damals in Zusammenarbeit mit dem Politologen und Kommunikationsexperten Coen Dirkx, unter dem Titel *Luister en huiver*[1]. 1996 erschien das Buch in einer ersten überarbeiteten Fassung, bereits unter dem heutigen Titel *Feedback*. 2007, also 14 Jahre nach seinem ersten Erscheinen, habe ich das Buch erneut aktualisiert.

Kritik zu üben an allem, was im eigenen Land oder in der Welt nicht gut läuft, oder zu beklagen, was es alles an Missständen in der Regierung oder im Management von Unternehmen und Institutionen gibt, ist nicht schwer. Schließlich herrscht Meinungsfreiheit und so können wir zu allem und jedem unseren Kommentar abgeben. Wenn wir aber unsere Kritik ganz persönlich äußern sollen, liegt die Sache anders. Manche trauen es sich gar nicht zu, andere haben wiederum keine Scheu und laufen Gefahr, in eine aggressive Tonlage zu fallen. Möglicherweise haben wir Angst, andere zu kränken, oder es ist uns völlig egal, was andere von unserer Kritik halten. Dieses Buch beschäftigt sich mit dem Geben und Annehmen von Kritik, mit der Angst und den Emotionen, die damit verbunden sind und fragt, wie wir auf unmissverständliche Weise Kritik üben können, ohne andere Menschen mit unseren Bewertungen zu verletzen oder abzuwerten.

Kapitel 1 beginnt mit einer Selbstanalyse. Wie ist es bei mir selbst mit dem Äußern und Entgegennehmen von Kritik und Feedback bestellt? Kapitel 2 beschäftigt sich mit einigen Themen aus der Kommunikationslehre, damit wir die verschiedenen Aspekte einer Botschaft unterscheiden und berücksichtigen lernen. Die Kapitel 3 und 4 untersuchen die Voraussetzungen, die beim Geben und Empfangen von Feedback gelten und präsentieren einige Regeln, an denen wir uns orientieren können. Kapitel 5 handelt von persönlichen Erfahrungen und gibt Antwort auf die Frage, wie es kommt, dass Feedback uns manchmal betroffen macht, und warum wir manchmal zum Gegenangriff übergehen oder uns verteidigen. Im 6. Kapitel geht es um Emotionen, die es uns schwer machen, mit Feedback produktiv umzugehen. Kapitel 7 setzt sich mit der Frage auseinander, was Feedback mit persönlichem Wachstum zu tun hat. Wir wollen dabei intensiver auf unsere Emotionen eingehen und uns ansehen, wie wir durch persönliche Weiterentwicklung effektiver mit Feedback umgehen können.

In Kapitel 8 wird es schließlich um die verschiedenen Einsatzbereiche von Feedback gehen, wie zum Beispiel das Mitarbeitergespräch oder das Disziplinargespräch.

---

[1]　Auf Deutsch etwa: „Man höre und staune".

Außerdem wollen wir erkunden, welcher Umgang mit Widerständen und Beschwerden sinnvoll ist. Verschiedene Fallbeispiele sollen die theoretischen Überlegungen praktisch verdeutlichen.

1. | Selbstanalyse: Feedback geben und empfangen

Feedback geben heißt, einer anderen Person eine Rückmeldung zu geben. Die Rückmeldung kann verschiedene Bereiche betreffen. Sie können Ihrem Gegenüber die Rückmeldung geben, was Sie von seiner Arbeitsleistung halten. Sie können ihm auch mitteilen, wie sein Verhalten auf andere wirkt und wahrgenommen wird. Da es beim Feedbackgeben auch immer darum geht, wie das Verhalten auf Sie, den Feedbackgeber wirkt, sagt Feedback meistens genauso viel über Sie selbst wie über den Feedbacknehmer aus.

Wenn Sie Feedback bekommen, heißt das: Jemand andes sagt Ihnen, wie er Ihr Verhalten erlebt und empfindet. Diese Information brauchen Sie, um sicher sein zu können, dass beim anderen etwas so angekommen ist, wie Sie es beabsichtigten. Durch Feedback – erhaltenes wie erbetenes – vergrößert sich Ihre Selbsterkenntnis.

Jeder Mensch verfügt über ein gewisses Maß an Selbsterkenntnis. Auch anderen Menschen in unserem Umfeld ist dieses Wissen über uns selbst teilweise bekannt. Daneben gibt es jedoch Bereiche in unserem Verhalten, die uns selbst unbekannt sind, die aber, zum Teil, andere Menschen wahrnehmen. Die folgende Tabelle veranschaulicht dies:

		Mir selbst	
		bekannt	unbekannt
Anderen Menschen	bekannt	A Bereich des freien Handelns	B blinder Fleck
	unbekannt	C verborgener Bereich	D unbekanntes Selbst

Abbildung 1: Das Johari-Fenster: bekannte und unbekannte Bereiche des Verhaltens

Im *Bereich des freien Handelns* finden wir Verhaltensweisen, die wir bewusst einsetzen können und die andere uns gegenüber offen ansprechen. Es sind diejenigen Charaktereigenschaften und Verhaltensweisen, die uns selbst und den anderen bekannt sind. Der *blinde Fleck* meint den Teil des eigenen Verhaltens, bei dem uns die Wirkung auf andere oft unklar ist. Der *verborgene Bereich* heißt so, weil damit Verhaltensweisen, Gedanken und Gefühle gemeint sind, die wir nur einigen, wenigen Menschen offenbaren oder gänzlich vor anderen verbergen. Das *unbekannte Selbst* schließlich wird auch das Unbewusste genannt. Diesen Bereich können wir nur mithilfe von Therapeuten, Psychologen und anderen Beratern erschließen und damit neue Aspekte unseres Selbst entdecken.

Ihren Bereich B – den blinden Fleck – können Sie verkleinern, indem Sie andere um konkretes Feedback über Ihr Verhalten bitten, indem Sie z.B. fragen, wie bestimmte Verhaltensweisen auf andere wirken. Auch ohne Nachfrage könnten Sie eine derartige Rückmeldung bekommen, aber dann wäre sie weniger explizit. Das heißt, Sie müssten selbst noch vieles interpretieren, und damit würden Sie das Risiko eingehen, falsche Schlussfolgerungen zu ziehen. Wenn Sie mehr darüber herausfinden, wie andere Menschen Ihr Verhalten wahrnehmen, wird Ihr blinder Fleck kleiner. Umgekehrt gilt: Je kleiner Ihr blinder Fleck ist, desto besser sind Sie sich der Wirkung Ihres Verhaltens auf andere bewusst und desto effektiver können Sie als Führungskraft oder als Mitarbeiter agieren. Bitten Sie deshalb nicht nur um Informationen zu Bereichen, in denen Sie Defizite haben, sondern auch über Ihre Stärken. Feedback dieser Art ist immer subjektiv. Unterschiedliche Menschen geben unterschiedliches Feedback. Das ist auch logisch, denn ein- und dasselbe Verhalten wirkt auf jeden Menschen anders.

Wenn wir um Feedback bitten und wenn wir Feedback bekommen, haben wir Gelegenheit, unseren Bereich B zu verkleinern. Entsprechend größer wird dann der Bereich des freien Handelns, Bereich A. Eine Verkleinerung des Bereichs C – des verborgenen Bereichs – können Sie durch mehr Offenheit herbeiführen. Wenn Sie mehr über sich selbst preisgeben, über Ihre Auffassungen, Standpunkte und Gefühle, hat Ihr Gegenüber die Chance, ein vollständigeres Bild zu erhalten. Der verborgene Bereich wird so verkleinert, der Bereich A entsprechend vergrößert. Ist der Bereich des freien Handelns[2] großzügig bemessen, ergeben sich daraus andere Qualitäten von Beziehungen und es kann entsprechend produktiver gehandelt werden, beruflich wie privat. Warum? Es gibt weniger Anlass für Interpretationen, Absichten sind besser zu erkennen und es kommt nicht mehr so oft zu Missverständnissen.

Wenn wir Feedback nutzen wollen, um Bereich B zu verkleinern, müssen wir jedoch einige Voraussetzungen und Regeln beachten. Zunächst muss der Empfänger das Feedback überhaupt wollen. Nicht erbetene Rückmeldungen, mit dem Ziel, die Selbsterkenntnis zu vergrößern, funktionieren im Allgemeinen nicht. Und es muss eine Atmosphäre des gegenseitigen Vertrauens zwischen Feedbackgeber und Feedbackempfänger vorhanden sein. In den Kapiteln 3 und 4 (*Regeln für das Geben von Feedback* und *Regeln für das Empfangen von Feedback*) wollen wir uns diese Voraussetzungen näher ansehen.

In jedem Unternehmen, in jeder Institution ist es etwas ganz Alltägliches, Feedback zu geben und Feedback zu bekommen, aber …

---

2 In manchen Versionen des Johari-Fensters heißt dieser Bereich auch „öffentliche Person". Anm.d.Verl.

- Ist Ihnen bewusst, welche Wirkung Ihre ganz persönliche Art Feedback zu geben hat?
- Sind Sie sich immer sicher, dass beim anderen auch wirklich angekommen ist, was Sie beabsichtigten?
- Vermeiden Sie es manchmal bewusst, Ihren Kommentar zu etwas abzugeben?
- Halten Sie, um des lieben Friedens willen, mit Ihrer Kritik manchmal hinter dem Berg?
- Und wenn ja: Wissen Sie eigentlich, warum Sie das tun?
- Macht es für Sie einen Unterschied, ob Sie Ihrem Mitarbeiter Feedback geben oder einem Kollegen oder Ihrem Chef?
- Wissen Ihre Mitarbeiter und / oder Kollegen, dass Sie ihre Arbeit schätzen?

Mit diesem Buch möchte ich Ihre Aufmerksamkeit auf diese Fragen lenken und lade Sie ein, über die Schwierigkeiten nachzudenken, auf die Sie stoßen, wenn Sie Feedback geben oder erhalten. So können Sie sich Ihr Verhalten bewusst machen und bei Bedarf eventuell für Veränderung sorgen.

Die folgende Checkliste ermöglicht es Ihnen, sich Klarheit darüber zu verschaffen, welche Haltung Sie momentan zum Thema Feedback haben und wie es um Ihre derzeitigen Fähigkeiten in Bezug auf Feedback bestellt ist. Lassen Sie sich ruhig etwas Zeit.

Checkliste: Feedback geben und empfangen

Beantworten Sie die folgenden Aussagen mit „stimmt" oder „stimmt nicht". Seien Sie ehrlich: Es geht schließlich um Sie selbst und es gibt keine richtigen oder falschen Antworten.

Die folgenden Fragen vermitteln Ihnen einen Einblick in Ihre Fähigkeiten und Ihre Haltung in Bezug auf das Geben und Empfangen von Feedback.

Feedback geben

	Stimmt	Stimmt nicht
1. Wenn es irgendwie geht, vermeide ich es, Feedback zum Verhalten anderer zu geben.	❑	❑

	Stimmt	Stimmt nicht
2. Ich vermeide negative Kommentare, seit ich gemerkt habe, dass andere das nicht gerne hören.	❏	❏
3. Wenn ich Feedback zum Verhalten anderer gebe, vergleiche ich nach Möglichkeit ihr Verhalten mit dem anderer Menschen.	❏	❏
4. Anderen gelegentlich auf die „ Schulter zu klopfen" fällt mir schwer, denn ich könnte sie damit in Verlegenheit bringen.	❏	❏
5. Ich gebe eher Feedback zur Person, nicht so sehr zum Verhalten oder zu einer bestimmten Handlung.	❏	❏
6. Feedback zu geben ist in meinen Augen wichtiger als Feedback zu empfangen.	❏	❏
7. Wenn ich Feedback gebe, achte ich nicht darauf, ob mein Gegenüber empfindlich darauf reagiert oder überhaupt empfänglich dafür ist.	❏	❏
8. Wenn etwas vorgefallen ist, gebe ich meistens erst mit zeitlichem Abstand Feedback.	❏	❏
9. Ich gebe fast nur dann Feedback, wenn ich mich über etwas geärgert habe oder wütend bin.	❏	❏
10. Wenn ich Feedback gegeben habe, mache ich mir anschließend keine Gedanken darüber, ob der andere mich auch richtig verstanden hat (einem vernünftigen Menschen genügt schließlich eine Andeutung).	❏	❏
11. Ich finde es wichtiger, Fehler aufzuzeigen als nach Möglichkeiten zur Verbesserung zu suchen.	❏	❏
12. Ich gebe oft Feedback, ohne über meinen weiteren Kontakt zu der jeweiligen Person nachzudenken.	❏	❏
13. Ich gebe grundsätzlich kein negatives Feedback, schließlich mache ich auch Fehler.	❏	❏
14. Positives Feedback ist meine Sache nicht, das kommt mir wie Einschleimen vor und das möchte ich nicht.	❏	❏
15. Ich gebe kein negatives Feedback, denn wer weiß, welche Folgen das für mich haben kann. Vielleicht ist der andere dann darauf aus, es mir heimzuzahlen.	❏	❏

Feedback empfangen

	Stimmt	Stimmt nicht
1. Ich bekomme selten oder nie Komplimente von anderen.	❏	❏
2. Wenn ich in Bezug auf meine Arbeit kritisiert werde, mache ich lieber weiter. Ich unterbreche das, was ich gerade tue nicht, um gut zuzuhören.	❏	❏
3. Oft reicht mir schon eine Andeutung, und ich weiß, worum es geht.	❏	❏
4. Ich neige dazu, andere zu unterbrechen, wenn sie auf mein Feedback reagieren.	❏	❏
5. Wenn mir verschiedene Dinge gesagt werden, reagiere ich immer auf die negativsten.	❏	❏
6. Komplimente halte ich oft für übertrieben.	❏	❏
7. Ich muss zugeben, dass ich Kritik oft als persönlichen Angriff empfinde.	❏	❏
8. Ich weiß oft nicht, wie ich mich verhalten soll, wenn ich positives Feedback bekomme.	❏	❏
9. Es macht für mich keinen Unterschied, ob ein Kollege oder mein Vorgesetzter meine Arbeit kritisiert.	❏	❏
10. Bekomme ich Feedback zu meiner Arbeitsweise, fällt es mir schwer, meinen Ärger oder meine Angst zurückzuhalten.	❏	❏
11. Wenn ich Feedback zu meinem Verhalten bekomme, zweifle ich regelmäßig an den Motiven des Feedbackgebers.	❏	❏
12. Ich brauche kein Feedback, um etwas zu lernen.	❏	❏
13. Wenn ich negatives Feedback bekomme, fühle ich mich richtig unsicher und es geht mir schlecht dabei.	❏	❏
14. Bei negativem Feedback denke ich mir schnell: Der hat schlechte Laune oder er will mir etwas heimzahlen.	❏	❏
15. Bei positivem Feedback denke ich mir, der andere möchte sich eben gut mit mir stellen.	❏	❏

Ihre Antworten ermöglichen Ihnen mehr Einsicht in Ihre Haltung zum Thema Feedback. Außerdem erfahren Sie etwas über Ihre Kompetenzen beim Geben und Nehmen von Feedback. Im Idealfall hätten Sie bei allen Aussagen mit „stimmt nicht" geantwortet. Und wie sieht das Ergebnis bei Ihnen aus? Welche Aspekte sind gut und was wäre in Ihren Augen verbesserungswürdig?

ÜBUNG

Was läuft gut beim Feedbackgeben?
Was ist verbesserungswürdig?

Was läuft gut beim Feedbacknehmen?
Was ist verbesserungswürdig?

Was möchten Sie in Bezug auf das Nehmen und Geben von Feedback verbessern? Formulieren Sie Ziele für sich, im Berufs- oder auch Privatleben. Beschäftigen Sie sich dann in den kommenden Wochen regelmäßig mit Ihren Zielen.

Ich möchte lernen, besser ....

In diesem Buch finden Sie Möglichkeiten, ineffektives oder unerwünschtes Verhalten zu beeinflussen (wenn Sie das denn wollen). Anhand zahlreicher Fallbeispiele aus Unternehmen oder Institutionen wird herausgestellt, welche Bedeutung Feedback zukommt. Sie finden in diesem Buch viele praktische Anregungen für einen bewussteren Umgang mit Feedback. In diesem Zusammenhang ist es wichtig und hilfreich, herauszufinden, was Ihre persönlichen Stolpersteine sind und wo es für Sie Hindernisse gibt, Feedback zu geben und zu empfangen.

ÜBUNG

Nehmen Sie sich vor, für einige Wochen jeden Tag besonders auf Feedback zu achten: Feedback, das Sie geben und Feedback, das Sie erhalten. Setzen Sie sich ganz bewusst mit den entsprechenden Momenten auseinander. Richten Sie dabei Ihren Blick besonders auf die Verbesserungen, die Sie sich diesbezüglich wünschen.

Von welcher Art von Feedback haben Sie in der letzten Zeit etwas gelernt?

Feedback zu Ihnen selbst / zu Ihnen als Person: ....

Feedback zu den Ergebnissen Ihrer Arbeit: ....

Feedback zu Ihren Beziehungen zu anderen Menschen: ....

Feedback zu Ihrem Verhalten: ....

Feedback über andere: ....

2. | Kommunikation und Feedback

Stellen Sie sich folgende Situation vor:

Sie haben eine leitende Position in einem Betrieb. Eines Morgens betreten Sie die Kantine und merken, dass irgendetwas nicht stimmt. Harry, einer Ihrer Mitarbeiter, gibt vor einigen Kollegen gerade eine haargenaue Imitation Ihres Verhaltens bei der letzten Versammlung zum Besten. Alle Beteiligten brüllen vor Lachen.

Was denken Sie in diesem Moment?

Was fühlen Sie in so einem Moment?

Wie reagieren Sie auf die Situation? Was machen Sie?

Je nachdem, wie Sie Harrys Darbietung interpretieren, könnten Sie vielleicht Folgendes tun:

1. Sie denken: „So eine Blamage." Sie fühlen sich bloßgestellt und verlassen beschämt die Kantine, ohne dass Sie von jemandem gesehen werden.
2. Sie denken: „Wo nimmt er bloß das Recht her, mich zu imitieren?" Sie ärgern sich, stecken den Ärger aber zunächst weg. Sobald alle wieder an der Arbeit sind, rufen Sie Harry zu sich.
3. Sie denken: „Ich lasse mir nichts anmerken." Sie fühlen sich bloßgestellt, wollen das aber nicht offen zeigen und lachen mit den anderen mit.
4. Sie denken: „Na ja, er hat ja eigentlich recht." Sie kennen Ihre Schwächen und sind sich bewusst, dass diese von anderen wahrgenommen werden. Auch andere werden bei Ihnen im Betrieb auf diese Weise karikiert und so reagieren Sie nicht groß darauf.
5. Sie denken: „Mache ich das wirklich so?" Es erscheint Ihnen eher amüsant. Sie gehen auf Harry zu und fragen ihn: „Mache ich das wirklich so?" und Sie fragen die anderen Anwesenden: „Seht ihr das auch so?"

Abhängig von Ihrem Charakter, der Betriebskultur und der Art Ihrer Beziehung zu Harry sind natürlich noch viele weitere Reaktionen denkbar. Jede Reaktion hat eine andere Wirkung. Bei den erstgenannten drei Reaktionen sind Sie nicht offen für die indirekte Rückmeldung, die Sie von Harry bekommen. Bei der vierten Möglichkeit ist Ihnen bewusst, dass das Feedback richtig ist, Sie finden es aber offenbar nicht notwendig, Ihr Verhalten zu ändern. Im letzten Fall wünschen Sie sich mehr Informationen und Sie wollen mehr über die Wirkung Ihres Verhaltens wissen. Wenn Sie ausreichend Informationen eingeholt haben, können Sie selbst entscheiden, ob Sie Ihr Verhalten ändern wollen oder nicht.

Wir empfangen ständig „Signale" aus unserem Umfeld, die etwas über unser Verhalten aussagen. Oft genug kommt es aber auch vor, dass wir diese „Signale" nicht empfangen. Wir achten nicht darauf, sind schlicht nicht empfänglich für solche Hinweise oder halten sie für unwichtig. Das bedeutet, wir wandeln die Signale nicht in Informationen um, durch die wir etwas über uns selbst lernen könnten. Das sagt etwas über unsere Art der Wahrnehmung in der Kommunikation mit anderen aus.

2.1 Wahrnehmen, interpretieren und kommunizieren

Wenn Sie mit anderen Menschen kommunizieren, gibt es immer einen Sender, der die Botschaft verschickt und einen Empfänger. Als Sender verfolgen Sie ein bestimmtes Ziel und aus der Reaktion des Empfängers können Sie ablesen, ob Sie Ihr Ziel erreicht haben oder nicht. Bereits das können Sie als Feedback auffassen, denn Sie bekommen eine Rückkopplung vom Empfänger Ihrer Botschaft. Sie wissen dann, ob Ihre Botschaft angekommen ist oder eben nicht.

Die Information des Senders erreicht uns über unsere Sinne (Augen, Ohren, Nase, Mund und Haut). Es geht also darum, was wir sehen, hören, riechen, schmecken und fühlen können. Sobald die Information wahrgenommen wird, beginnt das Gehirn blitzschnell damit, sie mithilfe von Filtern zu löschen, zu verformen oder zu verallgemeinern. Diesen Vorgang nennen wir Interpretation.

Es gibt verschiedene „Filterprogramme":
- Metaprogramme
- Werte und Normen
- Überzeugungen
- Haltungen oder Einstellungen
- Erfahrungen und Erinnerungen
- eine getroffene Wahl / Entscheidungen

Indem wir uns dieser Filter bedienen, schreiben wir der Information, die uns erreicht, eine Bedeutung zu. Durch diese Interpretation entsteht ein Gefühl oder eine Bedeutung und dieses Gefühl beziehungsweise diese Bedeutung führt zu einem bestimmten Verhalten, verbal und nonverbal. Das Verhalten hat wiederum eine Wirkung auf unser Gegenüber, das nun seinerseits reagiert.

Der Prozess der Wahrnehmung und Verarbeitung von Informationen läuft sehr schnell ab und wir sind uns dieses Vorgangs oft nicht bewusst. Was wir tatsächlich wahrnehmen, ist immer nur ein Teil der Wirklichkeit, nämlich der Teil, den wir als wahr annehmen. Unsere eigene Ausrichtung ist entscheidend dafür, was wir in einem bestimmten Moment wahrnehmen. Und unsere Wahrnehmung ist stets subjektiv. Wenn Sie ein neues Auto gekauft haben, sehen Sie auf einmal überall dieses Auto herumfahren.

Einmal angenommen, Sie befinden sich im Gespräch mit einem Kollegen. Sie sitzen einander gegenüber und Sie hören dem Kollegen zu und schauen ihn an. Wenn Sie sich auf das Zuhören konzentrieren, nehmen Sie hauptsächlich das wahr, was Sie hören. Sie sind sich der Tatsache nicht bewusst, dass Sie auch das Gesicht Ihres Gegenübers wahrnehmen, seine Haarfarbe, die Kleidung, die Gesten, den Stuhl, den Raum, in dem Sie sich befinden. Sie achten nicht wirklich darauf und deshalb nehmen Sie diese Information nicht auf. Das ist auch gut so, denn würden Sie diese Einzelheiten alle als Information verarbeiten müssen, könnten Sie wahrscheinlich dem Gespräch nicht mehr folgen.

Sie könnten in einem Gespräch auch in erster Linie auf das nonverbale Verhalten Ihres Gesprächspartners ausgerichtet sein. Sie würden dann sozusagen Ihren Gesprächspartner bewusst beobachten. In diesem Fall würden Sie sich im Nachhinein mehr an die Gesten und andere nonverbale Signale erinnern und weniger an den Inhalt des Gesprächs.

Tad James und Wyatt Woodsmall haben in ihrem Buch *Time Line: NLP-Konzepte zur Grundstruktur der Persönlichkeit* die bereits oben kurz benannten Filterprogramme beschrieben. Filter sind entscheidend dafür, ob wir ins Handeln kommen und als Reaktion auf das Verhalten unseres Gegenübers einen Kommentar äußern. Die Filterprogramme bestimmen auch, wie wir selbst mit Kritik auf unser Verhalten umgehen.

2.1.1 Metaprogramme

Metaprogramme sind meist unbewusste Wahrnehmungsfilter, die unsere Aufmerksamkeit, unsere Interessen und Gewohnheiten bestimmen. Sie sorgen für Kontinuität und sie sind Charakteristika unserer Persönlichkeit: „So bin ich nun einmal." Metaprogramme verzerren Informationen, indem sie unseren Generalisierungen etwas hinzufügen oder etwas davon weglassen: „So ist die Welt." Metaprogramme können sich im Laufe unseres Lebens ändern. An sich sind sie weder gut noch schlecht, man kann sie nicht mit Werturteilen kategorisieren, es ist aber vorstellbar, dass das eine oder andere Metaprogramm für eine bestimmte Situation oder einen bestimmten Beruf weniger gut geeignet ist.

Eines der Metaprogramme ist „proaktiv / reaktiv". Wenn Sie sich selbst als reaktiv einstufen, werden Sie vielleicht weniger geneigt sein, Kommentare und Kritik abzugeben. Sind Sie hingegen proaktiv, geben Sie womöglich immer sofort Ihren Kommentar ab.

2.1.2 Werte und Normen

Die Filter Werte und Normen haben mit unserer Einschätzung zu tun. Sie helfen Ihnen zu unterscheiden, ob in Ihren Augen eine Arbeit gut oder schlecht ausgeführt wurde, und zwar Ihre eigene Arbeit und die Arbeit anderer gleichermaßen. Die Filter bestimmen, was Sie anziehend oder abstoßend finden, welches Verhalten Sie gutheißen und welches Sie ablehnen.

Werte sagen etwas darüber aus, was Ihnen wichtig ist. Meistens haben wir so etwas wie eine innere Wertehierarchie. Ihre Werte und Normen entscheiden oft auch, zu welchen Aspekten Sie anderen Menschen Feedback geben. Wenn Sie beispielsweise Sorgfalt für einen wichtigen Wert halten, ist es Ihnen vermutlich wichtig, dass man sich an Absprachen hält. Wenn jemand zu spät zu einem Termin kommt, werden Sie vor dem Hintergrund Ihres Wertesystems dazu Feedback geben. Wenn, um ein anderes Beispiel zu nennen, Integrität ein wichtiger Wert für Sie ist und Sie dafür kritisiert werden, nicht integer gehandelt zu haben, wird diese Kritik Sie sicherlich hart treffen, denn Sie möchten als integer gelten. Die Kritik wird Sie im Übrigen auch deshalb treffen, weil „nicht integer" eine Schlussfolgerung ist und kein wahrgenommenes Verhalten mit dieser Aussage beschrieben wird.

2.1.3 Überzeugungen

Bei diesem Filter geht es zum einen um Überzeugungen in Bezug auf Ihre Person, Ihre Fähigkeiten und Schwächen und zum anderen um Auffassungen über Situationen. Überzeugungen sind auch eine Art von Generalisierung. Wenn Sie einem Mitarbeiter Feedback geben sollen und Sie der Auffassung sind: „Er lernt es wahrscheinlich nie", werden Sie mit der Situation anders umgehen, als wenn Sie glauben, dass Ihr Mitarbeiter sehr wohl dazulernen kann.

Wenn Sie nur wenig Selbstvertrauen haben, etwas falsch machen und dann Feedback über Ihre Arbeit bekommen, werden Sie vielleicht denken: „Jetzt ist es raus, ich lerne es nie." Infolgedessen werden Sie sich ohnmächtig fühlen.

2.1.4 Haltung oder Einstellung

In unserer Haltung äußert sich eine Ansammlung von Werten und Überzeugungen zu bestimmten Sachverhalten oder Themen. Ihrer Haltung sind Sie sich meistens bewusst, aber nicht unbedingt der dahinterliegenden Werte und Überzeugungen.

Wenn Sie z.B. einen Mitarbeiter aufgrund der von Ihnen negativ wahrgenommenen Arbeitshaltung kritisieren wollen (hier zeigen sich Ihre Werte und Auffassungen bezüglich der Einstellung zur Arbeit), sollten Sie konkret beobachtbares Verhalten benennen. Allein zu sagen, der Mitarbeiter habe eine negative Haltung, genügt nicht.

Unter Haltung kann man auch verstehen: Sind Sie als Person offen für Kritik oder eher nicht? Sind Sie neugierig, wie Ihr Gegenüber Sie erlebt und wollen Sie lernen und sich weiterentwickeln oder sind Sie daran eher nicht interessiert?

2.1.5 Erfahrungen und Erinnerungen

Erfahrungen und Erinnerungen bestimmen in erheblichem Maß Ihre Persönlichkeit und Ihre Wahrnehmung. Manche Menschen gehen davon aus, dass mit dem Älterwerden unsere Reaktionen nicht mehr so sehr von den Geschehnissen im Hier und Jetzt bestimmt werden, sondern eher von unseren Erinnerungen. Das heißt, wir reagieren so, wie wir immer reagiert haben.

Wenn man Sie kritisiert, kommt vielleicht eine schmerzliche Erinnerung hoch und wie damals verteidigen Sie sich oder gehen zum Gegenangriff über.

Oder: Wenn Sie schon einmal einen Konflikt mit einer Person in einer bestimmten Situation hatten und Sie sollen sich jetzt in einer vergleichbaren Situation zu etwas äußern, dann werden Sie vielleicht geneigt sein, Kritik zu vermeiden.

2.1.6 Eine Wahl treffen und Entscheidungen

Der letzte Filter, der auch mit Erinnerungen zu tun hat, sind Entscheidungen, die Sie in der Vergangenheit getroffen haben, auch Entscheidungen darüber, wer Sie sind. Entscheidungen – vor allem einschränkende – können sich auf Ihr gesamtes Leben auswirken; sie können Werte, Überzeugungen und Haltungen hervorbringen, ja sogar Lebensthemen. Viele dieser Entscheidungen haben Sie unbewusst getroffen, oft bereits in sehr jungen Jahren. Andere haben Sie vielleicht bewusster getroffen, haben sie aber nie hinterfragt. Nehmen wir einmal an, Sie sind sehr früh zu der unbewussten Schlussfolgerung gelangt, Sie seien als Mensch wertlos, dann kann diese Entscheidung Ihr ganzes Leben prägen.

Auf die getroffenen Entscheidungen kommen wir später, in Kapitel 5, noch einmal zurück.

Die hier beschriebenen Filter bestimmen, was wir löschen, aufgreifen, verformen und generalisieren. Alle Filter zusammen bilden das interne Repräsentationssystem (ein Begriff aus dem Neurolinguistischen Programmieren, dem NLP). Das interne Repräsentationssystem sorgt dafür, dass vielleicht ein Mensch eine Sache wundervoll findet und ein anderer dieselbe Sache nicht ausstehen kann. Dass der eine sich leicht damit tut, Feedback zu geben und es einem anderen sehr schwerfällt. Dass der eine Feedback uneingeschränkt akzeptieren kann und ein anderer dagegen gar nicht.

Das interne Repräsentationssystem entspricht einer gefärbten Brille, durch die Sie die Wirklichkeit wahrnehmen und somit einfärben. Wenn Sie sich bewusst machen, dass Ihre persönliche Einfärbung nicht dieselbe sein muss wie die eines anderen Menschen, dann realisieren Sie auch, dass Missverständnisse in der Kommunikation normal sind. Man spricht gelegentlich auch vom „Rauschen" in der Kommunikation.

2.2 Die vier Aspekte der Kommunikation

Beim Kommunizieren ist nicht nur der Inhalt (die Worte) der Nachricht von Bedeutung, sondern auch die Art und Weise, wie etwas gesagt wird. Wie aus Studien hervorgeht, ist Letzteres sogar noch wichtiger als der genaue Wortlaut einer Nachricht. Bewusst und unbewusst wirken sich allerlei Aspekte auf den Empfänger aus und beeinflussen die Art und Weise, wie er eine Nachricht interpretiert. Denken Sie zum Beispiel an den Ton, die Lautstärke, die Körperhaltung, die Mimik, das Sprechtempo und die Gesten, die jemand beim Sprechen macht.

Dem Kommunikationswissenschaftler Friedemann Schulz von Thun (1997) zufolge ist jede Nachricht ein Informationspaket, das aus vier wichtigen Aspekten besteht. Es sind:
- der Sachaspekt,
- der Selbstoffenbarungsaspekt,
- der Beziehungsaspekt,
- der Appellaspekt.

Anhand eines Beispiels sollen diese vier Aspekte erläutert werden.

Johann de Vries hat Kritik an der Arbeitsweise seines Mitarbeiters René. Er ist verärgert, weil er nun schon zum vierten Mal bemerkt, dass René seine Arbeit nicht wirklich gut macht. Er bittet René zu sich und sagt: „Das ist das vierte Mal, dass Sie sich nicht an das vorgeschriebene Procedere gehalten haben. Ich bin ehrlich gesagt enttäuscht. Wir haben ja schon einmal darüber gesprochen und haben uns damals auf einige Punkte geeinigt. In diesen Gesprächen habe ich Sie so verstanden, dass Sie sehr genau wissen, was von Ihnen erwartet wird. Ich gehe davon aus, dass dies nun das allerletzte Mal ist und, dass Sie sich ab jetzt an das Procedere halten werden."

2.2.1 Der Sachaspekt

Hierbei geht es um den Inhalt der Nachricht, die explizite Formulierung. Obwohl die Aussage von Johann de Vries nicht wirklich Anlass dazu gibt, fühlt René sich angegriffen. Er ist innerlich aufgebracht und denkt: „Was glaubt er denn eigentlich, dass er mich einfach so kritisieren kann?" Den Rest der Aussage hört er kaum noch. René zieht für sich nicht die Informationen aus der Nachricht, die Johann ihm übermitteln wollte. Etwas ist also schiefgegangen. Aber was?

In jeder Nachricht stecken neben dem Sachaspekt noch weitere drei Aspekte, die manchmal verborgen bleiben. Sie werden zwar nicht buchstäblich erwähnt, aber der Empfänger nimmt sie dennoch auf.

Schauen wir uns noch einmal Johann de Vries' Äußerung an. Wie sehen die anderen drei Aspekte aus, die in seiner Nachricht enthalten sind?

2.2.2 Der Selbstoffenbarungsaspekt

Der Selbstoffenbarungsaspekt einer Nachricht sagt etwas über Sie als Sender, über Ihre Person, Ihre Werte und Normen aus. Es geht dabei um die Frage: Wie wirke ich auf mein Gegenüber?

Bei diesem Aspekt kann es zu dem o.g. „Rauschen" kommen, das oft mit dem Wunsch zusammenhängt, sich möglichst auf positive Weise zu profilieren. Hinzu kommen die Angst und die Schwierigkeit, etwas von uns zu zeigen, das wir selbst als ungünstig ansehen. Um bestimmte Dinge zu verbergen, werden „Imponiertechniken" eingesetzt (Sie machen sich besser, als Sie es in Wirklichkeit sind) oder „Fassadentechniken" (Sie zeigen Ihre weniger guten Eigenschaften nicht, verbergen sie, so gut es geht).

Diese Form des Rauschens kann einer offenen, ehrlichen Kommunikation im Weg stehen und die Beziehung, die Sie ja gerade aufbauen wollen, belasten. Ihre „Außenseite" (was Sie sagen und zeigen, zum Beispiel Ihr Gesichtsausdruck, Ihre Körperhaltung) und Ihre „Innenseite" (was Sie fühlen und denken) stimmen nicht überein, was zu inneren Spannungen führen kann. Zu merken, dass ein Gegenüber genauso unter Angst und Unsicherheit leidet wie Sie selbst, oder zu hören, dass jemand anderes in einer bestimmten Situation auch nicht weiterweiß, kann sich sehr befreiend anfühlen.

Sie sollten keine Angst davor haben, Ihre Gefühle zu zeigen und offen auszusprechen. Offen zu sein für das, was Sie empfinden, hat einige Vorteile. Eine „Außenseite", die deutlicher mit Ihrer „Innenseite" korrespondiert, verstärkt den Sachaspekt Ihrer Nachricht und vergrößert die Wahrscheinlichkeit, dass diese eindeutig ankommt.

René fühlt sich durch den Selbstoffenbarungsaspekt angegriffen.

Johann sagt, er sei enttäuscht, aber seine eigentlichen Gefühle – Entrüstung und Ärger – fasst er nicht in Worte. Sie schwingen jedoch in der Botschaft mit: Er spricht laut und schaut René durchdringend an. Das, was Johann sagt (Enttäuschung), stimmt nicht mit dem überein, was Johann fühlt (Ärger). Der Ärger äußert sich aber in Johanns nonverbalem Verhalten.

Beim Geben und Nehmen von Feedback ist es wichtig, dass Sie den Selbstoffenbarungsaspekt bewusst einsetzen. Wenn Sie verärgert sind, sagen Sie, dass Sie verärgert sind und passen Sie Ihren Ton entsprechend an.

Wenn Sie sich durch Feedback verletzt oder getroffen fühlen oder sich geschmeichelt sehen, sollten Sie das am besten auch sagen. Der Sender weiß dann, wie seine Botschaft angekommen ist.

2.2.3 Der Beziehungsaspekt

Dieser Aspekt veranschaulicht, wie Sie die Beziehung zu Ihrem Gegenüber erleben. Die Art und Weise, wie Sie etwas sagen, offenbart zugleich, wie Sie über den Empfänger denken und wie dieser, wenn es nach Ihnen geht, über Sie denken sollte. Wichtig sind hierbei der Tonfall, die Intonation und die Körperhaltung. Bei diesem Aspekt geht es um Machtverhältnisse. Als Führungskraft ist es mir erlaubt, Kritik an meinen Mitarbeitern üben, ich werde ja sogar dafür bezahlt. Aber es geht auch um Vertrauen: Kann ich dem anderen vertrauen? Wenn in einer Beziehung Misstrauen vorhanden ist, werden Sie zuerst den Beziehungsaspekt klären müssen. Der Beziehungsaspekt sorgt dafür, dass Sie von manchen Menschen Kritik besser akzeptieren können als von anderen.

René fühlt sich von Johanns belehrendem Ton gegängelt und von der impliziten Botschaft, René habe auf ihn zu hören, weil er sein Vorgesetzter ist.

2.2.4 Der Appellaspekt

Jede Botschaft ist ein Appell an den Empfänger. Wenn Sie Feedback geben, werden Sie meistens das erwünschte Verhalten beschreiben und davon ausgehen, dass der Angesprochene dieses Verhalten dann auch zeigen wird. Beim Appellaspekt geht es aber auch um Einflussnahme. So hat Johann in seine Botschaft einen ausdrücklichen Appell verpackt, indem er sagt, er erwarte, dass sich René künftig an das vereinbarte Procedere halten wird.

In unserem Beispiel wäre es effektiver gewesen, wenn Johann seine Entrüstung und seinen Ärger in Worte gefasst hätte. Die Kommunikation könnte so ehrlicher und deutlicher sein und René müsste sie nicht als verdeckten Angriff auffassen. Johann hätte sagen können:

> „Zum vierten Mal sehe ich nun, dass Sie sich nicht an das vorgeschriebene Procedere halten. Ich merke, dass mich das ärgerlich macht. Wir haben bereits einmal darüber gesprochen und damals vereinbart, dass Sie sich künftig daran halten würden. Ich gehe davon aus, dass dies nun das allerletzte Mal ist, dass ich Sie deswegen zur Rede stellen muss und, dass Sie sich ab jetzt an das vorgeschriebene Procedere halten werden."

Für die Übermittlung einer Nachricht gibt es viele Möglichkeiten und jede Nachricht enthält verschiedene Arten von Information. Die Information wird vom Empfänger auf die ihm eigene Weise analysiert und interpretiert. Das birgt die Gefahr, dass wir aneinander vorbeireden und es zu Missverständnissen kommt.

Der Empfänger hat immer die Freiheit, einen der vier Aspekte der Botschaft nach eigenem Gutdünken stärker zu gewichten – das hat wiederum mit dem Selektionsprozess zu tun, mit Werten, Normen, Überzeugungen oder Erfahrungen.

Sachaspekt:	Der Empfänger versucht, den Text zu verstehen. Was sagt der andere eigentlich?
Selbstoffenbarungsaspekt:	Wer ist mein Gesprächspartner? Was zeigt er von sich?
Beziehungsaspekt:	Wie denkt er über mich? Was haben wir für eine Beziehung miteinander?
Appellaspekt:	Was möchte er von mir? Was soll ich tun?

Der Empfänger entscheidet sich oft für den Aspekt, der für ihn im jeweiligen Moment am geeignetsten scheint. Und damit entscheidet er auch, auf welchen Teil der Nachricht er reagieren möchte.

Meistens wird die Entscheidung nicht bewusst getroffen, die Reaktion erfolgt quasi auf Autopilot. In meiner Arbeit als Trainerin ist mir oft aufgefallen, dass Menschen in erster Linie auf den Sachaspekt einer Nachricht reagieren. Den meisten fällt es schwer, dabei auch ihre Gefühle auszudrücken. Vielen fällt es außerdem schwer, vom Sachaspekt zu einem der anderen Aspekte umzuschwenken. Auf den Appellaspekt zu reagieren, gelingt jedoch meistens. Aber ein Umschalten auf den Beziehungsaspekt, beispielsweise durch die Bemerkung, man spüre Misstrauen oder auf den Selbstoffenbarungsaspekt, „Oh, das gefällt mir" oder „Das reicht mir jetzt aber" ist deutlich schwieriger. In der Kommunikationstheorie spricht man hier auch vom Wechsel von der Inhaltsebene zur Prozessebene. Auf der Prozessebene zeigen Sie sich sensibel für die Art und Weise, wie die Kommunikation zwischen Ihnen und Ihrem Gegenüber verläuft.

Stellen Sie sich folgendes Szenario vor: Ihnen fällt bei einer Qualitätsüberprüfung auf, dass sich zwei Mitarbeiter im Labor nicht an die Sicherheitsvorschriften halten und wollen nun den Abteilungsleiter darüber zu informieren. Sie betreten sein Büro, aber er macht einfach mit seiner Arbeit weiter. Sie ignorieren die Tatsache, dass der Abteilungsleiter nicht aufschaut und beginnen, Ihr Anliegen darzulegen. Der Abteilungsleiter schaut auf und sagt: „Sie stören." Er reagiert nicht auf den Inhalt Ihrer Mitteilung. Sie sind erschrocken über diese sehr direkte Reaktion, finden aber, dass das, was Sie mitzuteilen haben, sehr wichtig ist. Sie ignorieren also innerlich die Bemerkung des Abteilungsleiters, Sie ignorieren genauso Ihr Gefühl des Erschrocken-Seins und berichten erneut über die beiden Personen, die sich nicht an die Sicherheitsvorschriften halten.

Der Effekt dieser Art von Kommunikation ist: Es kommt kein Kontakt zwischen Ihnen und dem Abteilungsleiter zustande, denn Sie gehen nicht auf das Feedback ein, das Sie von ihm erhalten. In dieser Situation hätten Sie auf die Tatsache, dass Sie stören und Ihr eigenes Erschrecken reagieren müssen: „Tut mir leid, dass ich Sie gestört habe. Soll ich später noch einmal kommen?"

Jetzt ist der Kontakt zwischen Ihnen und dem Abteilungsleiter hergestellt.

ÜBUNG

Jens betritt das Büro der Abteilungsleiterin. „Gerda, kann ich Sie mal kurz sprechen? Da geht mir etwas ziemlich gegen den Strich. In Eriks Bericht kann ich mindestens zehn Fehler entdecken."

Was macht Gerda? Sie kann nun auf jeden der vier Kommunikationsaspekte reagieren. Können Sie Gerdas Reaktionen den entsprechenden Aspekten in Jens' Mitteilung zuordnen? Am Ende dieses Kapitels finden Sie die Antworten und Erläuterungen dazu.

1. „Das geht Ihnen ganz schön gegen den Strich, nicht wahr, Jens?"
2. „Was hätten Sie gern, dass ich mache, Jens? Wollen Sie, dass ich mit Erik rede?"
3. „Aha, können Sie mir sagen, was das für Fehler sind?"
4. „Warum erzählen Sie mir das?"

Wie Sie in diesem Beispiel sehen können, hängt die Reaktion des Empfängers von seiner Interpretation der Nachricht ab. Weiterhin können Sie sehen, dass es bei der Fortsetzung der Interaktion darauf ankommen wird, auf welchen Aspekt der Botschaft die Gesprächspartnerin jeweils reagiert.

Missverständnisse können immer dann entstehen, wenn die Absichten des Senders beim Empfänger nicht ankommen. Das zeigt sich dann in dem Feedback, das Sie als Sender bekommen. Wenn es Jens Absicht war, sich einmal ausgiebig über Erik zu beklagen und Gerda will in ihrer Reaktion mehr über die entdeckten Fehler wissen, kann Jens sagen: „Es geht mir bei den Fehlern gar nicht um Inhaltliches, ich möchte einfach nur meiner Irritation Ausdruck verleihen."

Missverständnisse können auch entstehen, wenn Sie zum Beispiel deutlich und konkret Inhaltliches kommentieren, aber die Art und Weise, wie Sie das tun, die Beziehung zum Gesprächspartner beeinträchtigt (im Gespräch mit Ihrer / Ihrem Vorgesetzten von oben herab, belehrend). Ihr Ziel erreichen Sie dann nicht.

Nonverbale Signale sind also wichtig in Bezug auf die Art und Weise, wie eine Botschaft aufgefasst wird. Stellen Sie sich einmal vor, wie es auf Sie wirken würde, wenn jemand in leisem Ton mit gesenktem Blick und den Händen im Schoß sagen würde: „Ich habe Kritik an Ihrer Arbeitsweise." Wie ernst würden Sie die Kritik dieses Senders nehmen, und was würden Sie mit der Botschaft anfangen?

2.3 Sorgen Sie dafür, dass sich die vier Aspekte gegenseitig verstärken

Um Missverständnisse möglichst zu vermeiden, sollten Sie als Sender und Empfänger dafür sorgen, dass sich die vier Aspekte nicht widersprechen, sondern dass sie sich gegenseitig verstärken. Das können Sie erreichen, indem Sie sich mithilfe der folgenden Fragen auf ein Gespräch vorbereiten:

- Welche Absicht verfolge ich mit meinem Kommentar / meiner Kritik?
- Kommentiere / kritisiere ich aus einer respektvollen Haltung heraus, damit mein Gegenüber auch die Chance hat, sich zu verbessern?
- Ist mein Ziel, meiner Irritation Ausdruck zu verleihen?
- Möchte ich meine Wertschätzung aussprechen?
- Kommentiere / kritisiere ich, weil es nicht „nach meinem Kopf" geht?
- Kommentiere / kritisiere ich, um mein Selbstwertgefühl zu steigern? Denke ich vielleicht, dass ich besser bin, beziehungsweise, dass mein Gegenüber der Unterlegene ist?

Wenn Sie Ihre Intention im Vorfeld für sich geklärt haben, erkennen Sie auch unmittelbar, ob Ihre Botschaft angekommen ist oder nicht.

ÜBUNG

Wann haben Sie das letzte Mal jemandem Feedback gegeben? Vergegenwärtigen Sie sich diesen Moment und überlegen Sie für sich:

- Haben Sie in Ihrer Botschaft Ihre Gefühle durchschimmern lassen?
- Ist Ihnen das schwergefallen?
- Warum haben Sie es nicht gemacht?
- Wenn Sie es gemacht haben, wie nachdrücklich haben Sie Ihren Gefühlen Ausdruck verliehen? Haben Sie Ihre Gefühle in der Situation klar benannt? Oder haben Sie Ihre Gefühle durch Ihre Stimmlage oder ein anderes nonverbales Verhalten zum Ausdruck gebracht?
- Stimmten die vier Aspekte Ihrer Botschaft überein oder haben Sie sich widersprochen?

Wenn Sie das nächste Mal Feedback geben wollen, gehen Sie vorab explizit die vier Aspekte einer Botschaft gedanklich durch und beantworten Sie – nur für sich selbst – folgende Fragen:

- Was ist der Inhalt meiner Botschaft? Konkret und deutlich (Sachinhalt)?
- Was möchte ich von mir selbst zeigen (Selbstoffenbarung)?
- Was möchte ich darüber ausdrücken, wie ich unsere Beziehung sehe (Beziehungsaspekt)?
- Welche Wirkung möchte ich bei meinem Gesprächspartner erzielen (Appell)?

Wenn Sie merken, dass bei Ihnen starke Gefühle im Spiel sind, geben Sie diesen Gefühlen auch bewusst Raum in Ihrer Botschaft. Benennen Sie sie, egal ob Sie nun verärgert oder unsicher sind. So kann auch über die Gefühle ein Austausch stattfinden und sie sind nicht nur unterschwellig vorhanden. Sie können davon ausgehen, dass Ihr Gemütszustand ohnehin auf die eine oder andere Weise in Ihrer Botschaft mitschwingt, nämlich im Selbstoffenbarungs-, Beziehungs- oder im Appellaspekt. Im nächsten Kapitel wird es um einige Regeln gehen, die Ihnen dabei helfen können.

Aber selbst dann, wenn Sie als Sender in Ihrer Botschaft eindeutig sind und die vier Aspekte sich gegenseitig unterstützen, gilt immer noch, dass Sie keinen oder nur einen geringen Einfluss darauf haben, wie Ihre Botschaft interpretiert wird. Das interne Repräsentationssystem (Werte, Normen, Überzeugungen, Erfahrungen) des Empfängers ist größtenteils unsichtbar und somit für Sie der unbekannte Faktor. Der Empfänger der Botschaft kann beispielsweise deutlich empfänglicher für einen bestimmten Aspekt Ihrer Botschaft sein, als Sie vermuten würden. Wenn Sie beispielsweise einem Perfektionisten, der meint, keine Fehler machen zu dürfen, auf einen Fehler hinweisen, müssen Sie mit einer groß angelegten Verteidigung oder Rechtfertigung rechnen.

Und was können Sie in einer solchen Situation tun? Sobald Sie merken, dass Ihre Botschaft anders ankommt als von Ihnen beabsichtigt, können Sie nur bei sich selbst korrigierend eingreifen. Dem Perfektionisten zum Beispiel können Sie sagen: „Ich merke, dass Sie sich den Fehler sehr zu Herzen nehmen. Ich möchte Sie bitten, in diesem Punkt nachzubessern."

Doch hierauf kommen wir in den Kapiteln, in denen es um das Empfangen von Kommentar und Kritik und den Umgang mit Emotionen geht, noch ausführlicher zurück. Im nun folgenden Kapitel soll es zunächst um die Regeln für das Geben von Feedback gehen.

Antworten zur Übung auf Seite 27

1. Gerda reagiert auf den Selbstoffenbarungsaspekt. Jens kann so genau erklären, was ihm so gegen den Strich geht. Er bekommt Raum, seine Gefühle zu äußern.
2. Gerda reagiert auf den Appellaspekt. Obwohl Jens inhaltlich gar keinen Appell an sie richtet, fühlt sie sich als Vorgesetzte dafür verantwortlich, der Sache nachzugehen.
3. Gerda reagiert auf den Sachaspekt. Jens kann nun genau ausführen, welche Fehler in dem Bericht enthalten sind.

4. Gerda reagiert auf den Beziehungsaspekt. Jens kann jetzt sagen, dass er der Meinung ist, Gerda müsse Erik deshalb zur Rede stellen.

3. | Regeln für das Geben von Feedback

In der kaufmännischen Abteilung einer Möbelfabrik wurde ein schwerwiegender Fehler gemacht, durch den ein Auftrag in Höhe von mehr als 30.000 Euro gefährdet ist. Direktor Jan Gindorf ist wütend. Er stürmt in die Verkaufsabteilung und beschimpft Peter, den Mitarbeiter, der den Fehler gemacht hat. Er schleudert ihm entgegen, er solle „endlich einmal seine Augen aufmachen". Danach verlässt er, immer noch wutentbrannt, die Abteilung. Peter ist völlig schockiert. Während der Tirade seines Chefs saß er zusammengeduckt auf seinem Stuhl, wagte nicht, ihn anzusehen und reagierte nicht auf seine Worte. Den restlichen Tag ist er völlig von der Rolle und kaum in der Lage, konzentriert zu arbeiten.

Am Nachmittag ist es Jan Gindorf gelungen, den Fehler auszubügeln. Er hat mit dem Kunden telefoniert, das Problem gelöst und sich entschuldigt. Inzwischen hat er sich wieder beruhigt und seine kurzzeitigen Panikgefühle haben sich gelegt. Zurück in der Verkaufsabteilung sagt er: „Tut mir leid, dass ich heute Morgen so ausgerastet bin, aber ich war so wahnsinnig erschrocken. Verzeihung!" Peter atmet erleichtert auf.

Und wenn wir noch so gute Absichten haben: Wir sind alle nur Menschen. Situationen können eskalieren und Dinge schiefgehen. Jeder kann einmal einen Riesenschreck bekommen, in Panik geraten oder sich fürchterlich aufregen. Nehmen Sie sich das selbst nicht übel und laufen Sie nicht mit Schuldgefühlen herum. Kommen Sie einfach auf das, was vorgefallen ist, zurück und sprechen Sie den Betroffenen an. Offene Kommunikation und eine Kultur, die es erlaubt, über Fehler zu reden und sich ungehindert auszutauschen, um Dinge zu korrigieren und zu verbessern, ist für Unternehmen und Institutionen überlebenswichtig.

In einer guten, offenen Kommunikation dreht es sich letztlich nur um eines: Respekt. Wenn Sie Ihr Gegenüber mit Respekt behandeln und ihn in seiner Würde nicht verletzen, hat Ihr Feedback die besten Chancen, gehört zu werden, sowohl Ihr positives als auch Ihr negatives.

Wie halten Sie die Kommunikationskanäle im Unternehmen offen?
- Positionieren Sie sich auf offene, ehrliche Weise.
- Hören Sie gut zu.
- Verdeutlichen Sie Ihre Absichten.
- Geben Sie sich und Ihren Mitarbeitern die Freiheit, auch später noch über Fehler zu sprechen.
- Stellen Sie klar, wo Ihre Grenzen sind. Was akzeptieren Sie und was nicht?
- Sorgen Sie für Offenheit in den Beziehungen untereinander.

Feedback geben: Vorbereitung

Feedback-Geben fängt mit einer guten Vorbereitung an. Sie sollten sich im Klaren darüber sein, was Sie sagen und was Sie erreichen wollen: Was soll Ihr Kommentar bewirken? Was genau hat Ihr Kollege oder Ihre Mitarbeiterin gut gemacht? Was genau hat Ihr Kollege oder Ihre Mitarbeiterin falsch gemacht. Mit anderen Worten: Weswegen sind Sie irritiert, enttäuscht oder unzufrieden? Die folgenden Regeln sind als Hilfsmittel gedacht, um Offenheit in der Beziehung zu gewährleisten und Missverständnisse möglichst zu vermeiden.

Wenn Sie Feedback geben:
1. Beschreiben Sie das Verhalten, das Sie wahrgenommen haben.
2. Sowohl der Feedbackgeber als auch der Feedbackempfänger sollte einen Nutzen aus der Rückmeldung ziehen, jeder sollte ein Interesse daran haben.
3. Geben Sie unterstützendes Feedback, wenn Sie positives Verhalten hervorheben wollen und geben Sie negatives Feedback, wenn Sie jemanden korrigieren wollen.
4. Kommentieren Sie nur Aspekte / Themen /Punkte, an denen der Angesprochene tatsächlich etwas ändern kann

---

Im Folgenden finden Sie Erläuterungen zu den Regeln für das Geben von Feedback.

3.1 Beschreiben Sie das Verhalten, das Sie wahrgenommen haben

Damit ist gemeint:
1. Sie geben wieder, was Sie wahrgenommen haben, und nicht, was Sie diesbezüglich fantasiert oder interpretiert haben.
2. Sie geben Ihr Feedback so bald wie möglich, möglichst kurz nachdem Sie das Verhalten wahrgenommen haben.
3. Ihr Feedback ist spezifisch und detailliert, Sie beschränken sich auf die Tatsachen.
4. Sie geben Einblick in die Gefühle, die dieses Verhalten bei Ihnen ausgelöst hat.
5. Sie sprechen in Form von Ich-Botschaften anstatt in Du-Botschaften.
6. Sie überprüfen, ob der Empfänger das Feedback verstanden hat und es nachvollziehen kann.

Vor allem: Sorgen Sie für Offenheit in der Beziehung. Zeigen Sie Respekt.

3.1.1 Geben Sie wieder, was Sie wahrgenommen haben

Sie geben wieder, was Sie wahrgenommen haben, nicht, was Sie diesbezüglich fantasiert oder interpretiert haben. Es geht um konkrete Fakten und nicht um die Fantasiegebilde in Ihrem Kopf. Was Sie sagen, muss objektiv darstellbar sein. Achten Sie deshalb sehr genau auf das, was Sie sagen. Visuell wie auditiv sollte es dem entsprechen, was eine Kamera aufzeichnen könnte. Das ist schwieriger als Sie denken, denn Wahrnehmung und Interpretation sind im Gehirn sehr schnell aufeinander folgende Prozesse.

Stellen Sie sich vor, Ihr Mitarbeiter hat zwei Berechnungsfehler gemacht und von Ihnen kommt ganz schnell: „Es wimmelt nur so vor Fehlern", was natürlich eine glatte Übertreibung ist.

Unsere normale Art zu denken entspricht oft einem Wirrwarr aus Gedanken, Interpretationen, Gefühlen und Bewertungen. Es ist nicht einfach, Tatsachen und Interpretationen auseinanderzuhalten. Diese Gesamtheit von Gedanken und Wahrnehmungen, so meinen wir, entspricht der objektiven Wirklichkeit.

Ihre Interpretationen außen vor zu lassen, wäre ein erster Schritt, um die gefühlten Probleme, Ärgernisse und Unannehmlichkeiten auf ein erträgliches Maß zu reduzieren. Und es gibt noch einen wichtigen Aspekt: Wenn Sie Ihre Bewertungen und Moralisierungen außen vor lassen können, muss Ihr Gegenüber nicht immer sofort in eine Verteidigungshaltung gehen oder die angebotene Information zurückweisen.

> Stellen Sie sich folgende Situation vor:
>
> Im Interesse der Kundenorientierung wurde in Ihrem Betrieb beschlossen, alle Mitarbeiter am Empfang mit einem Namensschild auszustatten. Nun sehen Sie, dass Ihre Kollegin das Namensschild nicht trägt, obwohl sie direkten Kundenkontakt hat. Ihnen ist es wichtig, die Regeln einzuhalten und das erwarten Sie auch von anderen. Sie fühlen sich irritiert, weil Ihre Kollegin nicht mitmacht. In Ihrer Fantasie gehen Sie noch weiter: „Ich werde nichts dazu sagen, ich würde die Kollegin damit sicher nur verärgern." Oder vielleicht fragen Sie sich auch, mit welchen Sanktionen Ihre Kollegin wohl zu rechnen hat, wenn ihre Vorgesetzten darauf aufmerksam werden.
>
> Indem Sie so fantasieren, wird Ihr Problem größer und Ihr Ärger wächst. Das Einzige, was Sie wahrnehmen konnten, ist: Ihre Kollegin trägt kein Namensschild. Und das ist das einzige Feedback, das Sie geben können. Wenn Sie sich darauf beschränken, ist es sehr wahrscheinlich, dass Ihre Kollegin sagen wird: „Tut mir leid, völlig vergessen, ich werde mir das Namensschild jetzt gleich anheften."

3.1.2 Geben Sie Ihr Feedback so bald wie möglich, möglichst kurz nachdem Sie das Verhalten wahrgenommen haben

Dieser Punkt wirkt in zweifacher Hinsicht. Sie können viel konkreter in Ihrem Feedback sein und Ihr Gegenüber hat die Chance, sich zu erinnern und nachzuvollziehen, wovon Sie sprechen. Wenn Sie Ihre kleinen Ärgernisse nicht zeitnah äußern, laufen Sie Gefahr, dass sich viele kleine Ärgernisse aufhäufen und es irgendwann zu einem großen Ausbruch kommt – möglicherweise mit unangenehmen Folgen. Wenn Sie nichts sagen, Ihrem Gegenüber sein Verhalten aber übel nehmen, kann Ihre Arbeitsbeziehung auf lange Sicht Schaden nehmen. Es ist klüger und einfacher, kleine Probleme oder Uneinigkeiten sofort zu klären.

> Wilhelm, Margas Vorgesetzter, stört sich seit einiger Zeit an Margas Verhalten. Sie ist oft nicht an ihrem Platz, sondern steht mit Kollegen plaudernd herum. Er ist überzeugt, dass sie andere von der Arbeit abhält. Wilhelm ist selbst der Typ hart arbeitender Mensch, der ohne Pause stundenlang vor seinem PC sitzen kann. Er verschiebt das Feedback-Geben bis zum regulären Mitarbeitergespräch und sagt bei der Gelegenheit zu Marga: „Ich habe gesehen, dass Sie andere Mitarbeiter von der Arbeit abhalten." Marga geht sofort in die Verteidigung.

Die Art und Weise, wie Wilhelm Feedback gibt, ist nicht regelkonform. Er kann gar nicht gesehen haben, ob Marga ihre Kollegen von der Arbeit abhält. Was er gesehen hat, ist: Sie steht mit anderen Kollegen herum und unterhält sich. Aber worüber sie gesprochen haben, hat er nicht gehört. Weil er mit dem Feedback-Geben recht lange gewartet hat, kann Marga das Feedback nicht wirklich nachvollziehen. Es wäre effektiver gewesen, wenn Wilhelm unmittelbar nach seiner Beobachtung zu Marga gegangen wäre und nachgefragt hätte, worüber sie mit ihren Kollegen gesprochen hat.

3.1.3 Ihr Feedback ist spezifisch und detailliert, Sie beschränken sich auf die Tatsachen

„Ihr Kommentar ist spezifisch" – das klingt so einfach, aber wie geht das? Sie kommen am besten zum Ziel, wenn Sie sich die folgenden Fragen stellen: Wer, was, wo, wann, wie und wieviel oder wie oft?

Damit können Sie vermeiden, dass Sie als Feedbackgeber zu schnell emotional reagieren oder von falschen Interpretationen ausgehen, bevor Sie Feedback geben.

Ein Beispiel:
- *Wer war involviert*? Lisa, Gerrie und Bert.

- *Was ist genau geschehen*? Ich habe gesehen, dass sie um zehn Uhr immer noch in der Kantine waren, obwohl die Pause um Dreiviertel zehn beendet ist.
- *Wo ist es geschehen*? In der Kantine
- *Wann hat sich diese Situation ereignet*? Am Freitagmorgen und am Montagmorgen, jeweils um zehn Uhr.
- *Wie haben sich die anderen verhalten*? *Was haben die anderen gemacht*? Sie haben Karten gespielt.
- *Wie oft haben Sie das wahrgenommen*? Zwei Mal.

Wenn Sie sich diese Fragen nicht stellen, sagen Sie vielleicht Dinge wie: „Was seid ihr bloß für eine faule Truppe. Wenn ich nicht den Aufpasser gebe, wird hier wohl nicht gearbeitet?" Eine solche Reaktion kann allerlei unangenehme Folgen nach sich ziehen. Sagen Sie also nicht: „Sie arbeiten ja gar nichts." Diese Aussage hilft nicht weiter, denn Ihr Gegenüber weiß nicht, auf welche Zeit oder welche Situation Sie sich beziehen. Er wird sich aber angegriffen fühlen und sofort in die Verteidigung gehen. Vor allem mit dem Wort *nichts* laden Sie zur Verteidigung ein, denn damit übertreiben Sie.

Sie könnten beispielsweise zu Lisa sagen: „Ich habe Sie am Freitag- und Montagmorgen mit Bert und Gerrie in der Kantine Karten spielen sehen. Sie wissen, dass Sie um Dreiviertel zehn wieder in der Abteilung erscheinen müssen. Ich erwarte, dass Sie das künftig auch wieder tun."

Nonverbale Kommunikation ist häufig noch viel unspezifischer als verbale Kommunikation. Was bedeutet zum Beispiel ein Schulterklopfen genau? Bedeutet es: „Gut gemacht" oder eher „Kopf hoch, beim nächsten Mal klappt es sicher besser"? Wenn wir nicht klar sind, in dem, was wir ausdrücken wollen, dürfen wir es dem Feedbackempfänger nicht übel nehmen, wenn er unsere Rückmeldung nicht richtig interpretiert.

ÜBUNG

Üben Sie nun selbst. Vergegenwärtigen Sie sich eine konkrete Situation, zu der Sie Feedback geben wollen. Beantworten Sie die folgenden Fragen:
- Wer war involviert?
- Was ist genau geschehen?
- Wo ist es geschehen?
- Wann hat sich diese Situation ereignet?
- Wie hat sich der / die andere verhalten? Was hat die / der andere gemacht?
- Wie oft haben Sie das wahrgenommen?

Kurz gesagt: Sammeln Sie, bevor Sie Feedback geben, alle Informationen, die für ein spezifisches Feedback gebraucht werden, Denn, wie gesagt, es geht um die Fakten und nicht um unsere Interpretationen.

3.1.4 Gewähren Sie, wenn nötig, auch Einblick in die Gefühle, die das Verhalten bei Ihnen ausgelöst hat

Wenn Sie merken, dass bei Ihnen starke Gefühle im Spiel sind, geben Sie diesen Gefühlen bewusst Raum in Ihrer Botschaft. Somit kann auch über die Gefühle ein Austausch stattfinden und sie sind nicht nur unterschwellig vorhanden. Sie können davon ausgehen, dass Ihr Gemütszustand auf die eine oder andere Weise sowieso in Ihrer Botschaft durchschimmern wird, und zwar im Selbstoffenbarungs-, Beziehungs- oder Appellaspekt. Wenn Sie Ihre Gefühle nicht ansprechen, besteht die Gefahr, dass die vier Aspekte einer Botschaft nicht übereinstimmen und es zu Missverständnissen kommt.

3.1.5 Verwenden Sie Ich-Botschaften anstatt Du-Botschaften

Viele Menschen neigen dazu, ihr Feedback in Form von Du-Botschaften zu formulieren. Das wirkt dann wie ein Vorwurf. Beispiel: „Das kannst du doch nicht machen" oder: „Sie machen das falsch." Ich-Botschaften sind effektiver, wenn es darum geht, die eigene Meinung kundzutun oder zu beschreiben, was man beobachtet hat. Die Rückmeldung könnte dann lauten: „Ich finde, das kannst du nicht machen" oder: „Ich finde, Sie sollten das anders angehen."

Und wie sieht es bei Ihrem Feedback aus? Geben Sie es meistens in Form von Ich-Botschaften oder als Du-Botschaften?

Eine Du-Botschaft kann sich negativ auf die Beziehung zum Gegenüber auswirken, denn sie vermittelt wenig Respekt. Warum nicht? Meistens wird mit einer Du-Botschaft ein Vorwurf oder eine Bewertung transportiert. Du-Botschaften beschäftigen sich nur mit dem, was der andere falsch macht. Der andere muss sich ändern. Dieser wiederum fühlt sich so vermutlich in die Enge getrieben und wird allein deshalb wohl eher mit Verärgerung reagieren. Du-Botschaften sind ineffektiv, weil sie:

- wenig Respekt für den Gesprächspartner zeigen
- beim Gesprächspartner Schuldgefühle auslösen
- leicht als Erniedrigung oder Zurückweisung aufgefasst werden können

- Gegenwehr oder rachsüchtiges Verhalten auslösen können
- beim Gesprächspartner das Selbstwertgefühl untergraben
- Widerstand gegen Veränderung anstelle von Bereitschaft zur Veränderung bewirken
- als Strafe aufgefasst werden können

Feedback in der Ich-Form zu geben ist wesentlich effektiver. Wenn wir in der Ich-Form sprechen, offenbaren wir, was wir denken und glauben und wir heben den Selbstoffenbarungsaspekt unserer Botschaft hervor. Wir greifen unser Gegenüber nicht an. Eine Ich-Botschaft ist eine Aussage über uns selbst, sie wertet den Gesprächspartner nicht ab („Du mal wieder!" oder „Sie sollten jetzt aber mal weniger schlampig arbeiten").

Mit Ich-Botschaften lässt sich außerdem verhindern, dass eine Diskussion darüber angefacht wird, ob der Feedbackgeber Recht hat oder nicht. Die Vorgehensweise ist lösungsorientiert. Einer Ich-Botschaft kann man nämlich nicht widersprechen: „Ich leide unter …" Einer Bemerkung wie: „Sie machen Ihre Arbeit nicht gut" hingegen schon.

Du-Botschaften deuten mit dem Zeigefinger nur auf das Gegenüber und lassen nicht erkennen, was der Sender der Botschaft empfindet. Wird allerdings die eigene Reaktion in die Form einer Ich-Botschaft gebracht, ist der Angesprochene frei, diese Information nach eigenem Gutdünken zu verwenden.

Praktisch anwendbar: Die Ich-Ich-Du-Regel
ICH: Beschreiben Sie, welches Verhalten Sie wahrgenommen haben.
ICH: Erklären Sie, welche Wirkung das auf Sie hat:
- Welche Gefühle werden geweckt?
- Welches Verhalten zeigen Sie selbst als Reaktion?
DU: Gehen Sie einen Schritt auf Ihr Gegenüber zu und sagen Sie:
- Ist Ihnen das Verhalten, das ich beschrieben habe, bekannt?
- Ist das Ihrer Meinung nach richtig so?
- Was halten Sie davon?

Beschreiben Sie das gewünschte Verhalten und treffen Sie konkrete Vereinbarungen für die Zukunft.

Diesen letzten Schritt unternehmen Sie, weil Sie wollen, dass bei Ihrem Gegenüber eine Verhaltensänderung stattfindet. Wollen Sie auf positive Weise korrigierend eingreifen, brauchen Sie eine Alternative. Sie müssen sagen können, welches Verhalten Sie sich stattdessen wünschen, und auf welche Weise die gemachten Fehler ausgeglichen oder in Zukunft vermieden werden sollen. Nur so kann Feedback beim Gesprächspartner einen Lernprozess in Gang setzen. Hinzu kommt, dass Sie, indem Sie die Alternative einbringen, den Feedbackempfänger nicht in seiner Würde verletzen.

> **Beispiel:**
> Schritt 1: Ich habe gesehen, dass Sie heute Morgen um Viertel nach acht gekommen sind. Das ist das vierte Mal, dass Sie so spät kommen.
> Schritt 2: Mich ärgert das, weil wir um acht Uhr anfangen.
> Schritt 3: Verstehen Sie, dass mich das ärgert? Ist Ihnen klar, dass Sie in den letzten zwei Wochen vier Mal zu spät gekommen sind? Was ist los?
> Schritt 4: Ich möchte gern, dass Sie ab morgen wieder um acht Uhr hier sind.

Das erwünschte Verhalten lässt sich am besten ansprechen, indem man dem Feedbackempfänger sagt, welches neue Verhalten in Zukunft an die Stelle des beanstandeten alten Verhaltens treten soll.

Also nicht: Ich möchte, dass Sie nicht mehr zu spät kommen.

Sondern: Ich möchte, dass Sie künftig pünktlich um acht Uhr kommen.

Wenn Sie direkt in der Situation Feedback geben, wird es oft ausreichen, das gewünschte Verhalten zu benennen. Die anderen Schritte können dann weggelassen werden; Sie formulieren gleich einen Wunsch.

„Würden Sie bitte Ihren Schreibtisch aufräumen, bevor Sie nach Hause gehen?" Oder: „Können Sie die Musik bitte leiser machen?"

Beim Geben von Feedback ist es wichtig, im Auge zu behalten, um wessen Probleme es eigentlich geht. Wenn das Verhalten einer anderen Person Sie stört oder Ihre Interessen verletzt, dann ist das Ihr Problem, nicht das Problem der anderen Person. Aber, obwohl es Ihr Problem ist, stellt sich die Situation oft so dar, dass die andere Person ihr Verhalten ändern und so Ihr Problem lösen soll. Sie sind dann von dieser Person abhängig.

Gerade mit einer Ich-Botschaft kann klar und effektiv kommuniziert werden, auf welcher Seite das Problem besteht. In einer Ich-Botschaft erklären Sie Ihr Problem, Sie sagen Ihrem Gegenüber nicht, dass er sich ändern *muss*. Sie bitten jedoch um seine Mitwirkung beziehungsweise seine Hilfe. Die meisten Menschen sind viel eher geneigt, auf einen solchen Appell zu reagieren als auf eine bedrohliche Du-Botschaft.

Dasselbe gilt für positives unterstützendes Feedback. Sie ermöglichen Ihrem Gegenüber so mehr Einsicht in die Qualität seiner Arbeit, in sein Verhalten und seine Stärken. Was Sie hervorheben und verstärken, möge sich entwickeln. Wenn Sie unterstützendes Feedback in Form von Ich-Botschaften formulieren, wird die persönliche Wertschätzung noch stärker mitschwingen. „Ich freue mich darüber." Oder: „Ich weiß das zu schätzen."

ÜBUNG

Nehmen Sie sich vor, bei der nächsten Feedback-Gelegenheit die Ich-Ich-Du-Regel anzuwenden.

Mithilfe der folgenden Übersicht können Sie für sich überprüfen, bei welchen Menschen Sie manchmal vergessen, „Das finde ich gut" oder „Das könnte noch verbessert werden" zu sagen.

Fügen Sie in die Tabelle die Namen aller Ihnen wichtigen Menschen ein, und zwar in die linke Spalte. In den anderen Spalten können Sie jeweils ankreuzen, bei welchen Menschen Sie vergessen, welches Feedback zu geben.

Person	Wenn er / sie etwas tut, vergesse ich zu sagen: „Das finde ich gut, toll, angenehm."	Irritiert mich manchmal (macht mich ärgerlich), aber ich vergesse zu sagen: „Das irritiert mich, nervt mich. Ich möchte, dass du damit aufhörst / dass Sie damit aufhören."
Mein(e) Partner(in) Mein(e) Vorgesetzte(r) Mein(e) Kollege(in) Mein(e)		

Formulieren Sie nun für jede Person, für die Sie in einer der beiden Spalten ein Kreuz gemacht haben, eine Feedback-Botschaft in Ich-Form. Was finden Sie gut oder angenehm an dieser Person oder worüber haben Sie sich geärgert?

Nehmen Sie sich vor, bei der nächstbesten Gelegenheit, Ihr Feedback auch tatsächlich so zu geben.

3.1.6 Überprüfen Sie, ob der Empfänger das Feedback verstanden hat

Überprüfen Sie, ob der Empfänger Ihr Feedback verstanden hat. Wenn Sie sich nicht sicher sind, fragen Sie explizit nach. Machen Sie sich bewusst, dass Missverständnisse in der Kommunikation eher die Regel als die Ausnahme sind. Gehen Sie also nicht ohne Weiteres davon aus, dass Ihre Absichten schon richtig ankommen werden, sondern vergewissern Sie sich. Es geht faktisch um Schritt 3 der Ich-Ich-Du-Geschichte. „Können Sie nachvollziehen, was ich wahrgenommen habe?" „Verstehst du, was ich meine?"

3.2 Sowohl der Feedbackgeber als auch der Feedbackempfänger sollten Interesse an dem Feedback haben

Der Zweck, den das Feedback erfüllen soll, muss klar sein. Wenn Feedback ausschließlich darauf abzielt, die Interessen desjenigen zu wahren, der Feedback gibt, wird die Beziehung darunter leiden. Fühlen Sie sich in die Situation Ihres Gegenübers ein und überlegen Sie sich im Vorfeld: Hilft mein Kommentar ihm (oder ihr) weiter?

Feedback sagt oft genauso viel über Sie selbst wie über Ihren Gesprächspartner aus. Im nun Folgenden wollen wir uns diesen Punkt genauer ansehen. Bringt Ihre Rückmeldung dem anderen etwas? Geben Sie Feedback, damit der andere die Möglichkeit bekommt, sich selbst zu verbessern (mit allem Respekt für seine Person) oder dient Ihr Kommentar nur dem Zweck, den anderen bloßzustellen (vielleicht angetrieben von Frust, Ärger oder Angst oder, um Ihrem Ärger Luft zu machen)?

Wie die folgende Auflistung zeigt, dient Feedback verschiedenen Zielen und Interessen. Feedback zu geben bedeutet, Informationen darüber auszutauschen, wie Sie die Haltung oder das Verhalten eines anderen Menschen sehen oder erleben. Diese Informationen werden gebraucht, um:

- gewünschte Arbeitsresultate zu erzielen
- befriedigende Arbeitsbeziehungen und eine gute Arbeitsatmosphäre zu schaffen, in der sich jeder entfalten kann (Sie zeigen Empathie)
- Resultate / Verhaltensweisen zu evaluieren und, wenn nötig, zu korrigieren
- Möglichkeiten persönlicher Weiterentwicklung oder Veränderung zu entwickeln
- Sich bewusster zu werden, was man nach außen ausstrahlt; jede Form von Feedback, die Sie geben oder erhalten, sagt schließlich auch immer etwas über Sie aus.
- die Freude an der Sache aufrechtzuerhalten, sich gegenseitig zu motivieren.

Feedback zu geben und zu erhalten fördert die Selbsterkenntnis, hilft dabei, andere besser kennenzulernen sowie gute (Arbeits-)Beziehungen zu entwickeln und zu pflegen und trägt dazu bei, die gewünschten Resultate (am Arbeitsplatz) zu erreichen.

ÜBUNG

Achten Sie beim nächsten Mal, wenn Sie Feedback geben, auf folgende Punkte:
- Überlegen Sie, inwiefern Ihr Feedback Ihrem Gegenüber nützen kann. Gibt es ihm die Möglichkeit, sich weiterzuentwickeln? Liefert es ihm Einsichten über die Wirkung seines Verhaltens auf Sie? Bringt es ihm etwas über sich selbst nahe? Verbessert es die Beziehung zwischen Ihnen beiden?
- Machen Sie deutlich, was Ihr Feedback mit Ihnen zu tun hat: Was ist Ihr Interesse, zu sagen, was Sie sagen?

- Formulieren Sie Ihr Feedback immer in der Ich-Form, also sprechen Sie immer in Ihrem Namen.
- Bei korrigierendem Feedback: Formulieren Sie, wie das gewünschte Verhalten aussieht (keine Nicht-Botschaften).
- Schauen Sie Ihr Gegenüber an und bitten Sie um seine Aufmerksamkeit.
- Nehmen Sie sich ausreichend Zeit; geben Sie Ihre Rückmeldung nicht im Vorbeigehen.

Und so funktioniert es nicht:

Sie selbst arbeiten hart und ausdauernd, weil Sie viel Energie haben und die Arbeit Ihnen Spaß macht. Wenn Sie einem Kollegen mit einem niedrigeren Arbeitstempo sagen, er solle doch schneller machen, helfen Sie ihm damit nicht weiter. Sie erreichen Ihr Ziel nicht, denn es kann sein, dass der Kollege ausgezeichnete Arbeit leistet, obwohl er langsamer ist. Sie können nicht erwarten oder fordern, dass andere genauso hart arbeiten wie Sie selbst. Wenn Sie immer sich selbst als Maßstab nehmen, laufen Sie Gefahr, mit Ihrer Kritik Ihr Gegenüber zu demotivieren.

3.3 Geben Sie unterstützendes und korrigierendes Feedback

Wenn Sie positives Verhalten hervorheben wollen, ist Ihr Feedback unterstützender Natur und es ist korrigierender Natur, wenn Sie auf Mängel oder Defizite aufmerksam machen.

Beim Feedback-Geben konzentrieren sich viele Menschen besonders darauf, das verbesserungswürdige Verhalten ihrer Mitmenschen hervorzuheben. Das scheint unser Selbstwertgefühl zu stärken, denn im Vergleich zu den anderen sind wir dann besser oder halt anders. Komplimente und positives Feedback hingegen unterbleiben oft, obwohl beides für die Entwicklung des Feedbackempfängers so wichtig wäre.

Falls Sie zu den Menschen gehören, die beim Komplimente-Machen nicht gerade großzügig sind, nehmen Sie sich jetzt vor, in der nächsten Woche dreimal positives Feedback zu geben. Es muss aber ernst gemeint sein und nach der Ich-Ich-Du-Methode erfolgen.

Wenn Sie das üben, werden Sie überrascht sein, dass Sie andere auch ganz „anders" sehen können. Ihr Blick wird sich weiten, vor allem, wenn Sie sich zudem darauf konzentrieren, was alles gut geht und erfreulich verläuft. Sie bekommen dadurch sogar bessere Laune. Ein Kompliment kann kurz sein und lässt sich schnell anbringen: „Ich finde die Gestaltung des Berichts sehr schön", „Ich bin zufrieden mit Ihrer Arbeit". Eine andere Möglichkeit, Komplimente auszusprechen, ist, sich bei anderen für ihre Hilfe und ihren Einsatz zu bedanken. Indem Sie Positives betonen, zeigen Sie Ihre Wertschätzung für bestimmte Aspekte des Verhaltens einer Person. „Ich schätze Ihre Entscheidungsfähigkeit in dieser Situation." Oder: „Ich weiß es sehr zu schätzen, dass Sie sich die Mühe gemacht haben, mir Feedback zu geben."

Ihr Gegenüber versteht durch die Komplimente sehr genau, was er – oder sie – weiterhin machen soll, zumindest, wenn Ihr Feedback spezifisch und deutlich ist. Außerdem sorgt positives Feedback dafür, dass andere Ihren Kommentar nicht automatisch als bedrohlich erleben, weil Sie immer nur dann etwas sagen, wenn etwas nicht in Ordnung ist.

Wenn Ihr Feedback korrigierend und negativ ist, sollten Sie immer Alternativen für ein modifiziertes Verhalten anbieten. Durch die Alternativen verliert das Feedback den vorwurfsvollen Charakter. Das gilt ganz besonders für Führungskräfte. Und, last but not least: Wenn Sie jemandem korrigierendes Feedback gegeben haben und diese Person ändert ihr Verhalten, sprechen Sie ihr direkt ein Kompliment dafür aus, unabhängig davon, wie klein oder groß die Verhaltensänderung ist. Hauptsache, die Richtung stimmt.

3.4 Kommentieren Sie nur Punkte, die der Angesprochene tatsächlich ändern kann

Werden wir auf Schwachstellen und Mängel angesprochen, auf die wir keinen Einfluss haben, macht uns das unter Umständen ärgerlich und traurig. Berücksichtigen Sie deshalb in Ihrem Feedback immer auch die Möglichkeiten Ihres Gegenübers. Sehen Sie sich noch einmal das vorherige Beispiel an: Wenn sich zeigt, dass Ihr Mitarbeiter oder Ihr Kollege einfach nicht mehr schafft, hat es keinen Sinn, dazu Feedback zu geben. Sie verändern nichts an der Situation. Im Gegenteil, vermutlich wirkt sich ein solcher Kommentar belastend auf das Verhältnis zu Ihrem Mitarbeiter aus. Er wird sich denken: „Sieht er / sie denn nicht, dass ich tue, was ich kann?"

Fritz Schadewald leidet an einer Erkrankung, die starken Körpergeruch zur Folge hat. Auf Seifen und Deodorants reagiert er allergisch. Fritz kann nichts daran ändern, dass er so riecht, wie er riecht. Natürlich weiß er, dass sein Geruch nicht angenehm ist, und er versucht alles, was ihm möglich ist, um den Geruch zu unterdrücken. Es ist ihm schrecklich unangenehm, dass er das

Problem an sich nicht beheben kann. Wenn man ihm sagen würde, er solle sich besser waschen oder – noch schlimmer – er würde riechen oder stinken, wäre er tief verletzt.

Wenn man seine Geschichte kennt, macht es keinen Sinn, Fritz Feedback zum Thema Körperpflege zu geben. Weiß man davon nichts, kann man sehr wohl nachfragen, was mit Fritz los ist. Das dürfte in der Praxis zwar schwierig sein, wir sollten aber nicht vergessen, dass unser Nachfragen für Fritz hilfreich sein kann. Was Sie riechen, riechen andere auch und vielleicht merkt Fritz ja gar nichts oder er riecht es selbst schon lange nicht mehr. Somit wäre eine solche Nachfrage in diesem Fall ein respektvoller Umgang mit Fritz.

In diesem Kapitel haben Sie die Regeln für das Geben von Feedback kennengelernt. Im nächsten Kapitel werden wir uns mit den Regeln für das Empfangen von Feedback beschäftigen.

4. | Regeln für das Empfangen von Feedback

Wie reagieren Sie normalerweise auf Feedback? Oft erleben wir es als Kritik, hören, sehen und empfinden es als Angriff auf unsere Person. Sogar mit positivem Feedback haben wir unsere Schwierigkeiten, denn es erreicht uns nicht. Dass wir unsere Arbeit gut machen, ist doch schließlich normal!

Kommt Ihnen das bekannt vor? Wenn Feedback negativ ist, beziehen Sie es auf sich: Sie haben also irgendetwas falsch gemacht. Bei positivem Feedback sieht es oft anders aus. Sie beziehen es nur selten auf sich. Wenn etwas gut gelaufen ist, lag es an der Situation, an den Umständen, aber nicht an Ihnen. Ihren Anteil am guten Ergebnis empfinden Sie als selbstverständlich oder normal.

Wenn Sie sich hier wiedererkennen, ist das schade, denn es bedeutet, Sie lassen sich eine Möglichkeit entgehen, Ihre Selbstachtung zu stärken.

> Anton ist für die Protokolle der Vorstandssitzungen verantwortlich. Diese Woche hat er es nicht geschafft, das Protokoll rechtzeitig fertigzustellen. Sein direkter Vorgesetzter, Theo, ruft ihn zu sich. Als er das Büro des Vorgesetzten betritt, ist Anton angespannt und er verteidigt sich sofort, als Theo feststellt, dass er dieses Mal das Protokoll nicht rechtzeitig bekommen hat. „Ja, aber ich habe noch Informationen von Trudy gebraucht und die war drei Tage lang nicht erreichbar. Und dann kamen noch zwei eilige Aufträge dazwischen, die dringend erledigt werden mussten und da Gesa gestern krank wurde, musste ich für zwei Stunden den Telefondienst übernehmen."

Anton rationalisiert. Ausführlich versucht er zu erklären, warum es so gelaufen ist – ein häufig benutzter Verteidigungsmechanismus. Dass er versucht, zu erklären, er habe es mit höherer Gewalt zu tun, ist verständlich. Wenn das aber bedeutet, dass er das Feedback gar nicht mehr richtig hört, weil er sofort nach entlastenden Erklärungen sucht, ist die Strategie nicht besonders effektiv. Der Punkt ist nicht, *wie es dazu gekommen ist, das ist für Theo nicht von Bedeutung. Anton sollte akzeptieren, dass es so gelaufen ist und sich damit auseinandersetzen, wie er Wiederholungen verhindern kann.

Warum aber reagiert Anton mit Verteidigung? Warum kann er nicht sagen: „Ja, diese Woche bin ich zu spät dran, ich werde dafür sorgen, dass die Protokolle nächste Woche rechtzeitig fertig sind." Oder warum ist er nicht schon früher zu Theo gegangen, um darauf hinzuweisen, dass er dieses Mal die Protokolle nicht rechtzeitig liefern kann? Warum hat er nicht deutlich gemacht, wo seine Grenzen sind?

Um diese Fragen beantworten zu können, müssen wir Antons Gedanken nachvollziehen. Welche Gedanken könnten ihm durch den Kopf gegangen sein? Warum ist es für ihn so schwierig, den Kommentar seines Vorgesetzten zu hören?

Anton ist angespannt, weil er denkt:
- „Ich muss das Protokoll fertig kriegen, denn sonst erweise ich mich als inkompetenter Mitarbeiter."
- „Ich muss auf jeden Fall einen Streit verhindern. Ich fürchte, dass Theo ziemlich sauer sein wird."

Wenn wir von der Rational-Emotiven Therapie (RET) ausgehen (siehe Kapitel 6), könnte Anton sich überlegen, inwiefern diese Gedanken ihm helfen, seine Arbeit gut zu machen und ob sie förderlich für sein Selbstvertrauen sind. Weil er befürchtet, andere könnten in Wut geraten, hat Anton ein Problem damit, sich abzugrenzen. In diesem Fall sind die entscheidenden Fragen, die er sich stellen könnte: Werden andere immer wütend, wenn man seine Grenzen aufzeigt? Wie schlimm ist es, wenn jemand wütend wird? Kann ich besser arbeiten, wenn ich immer darauf achte, dass andere Menschen sich nicht aufregen? Wie wirkt sich das auf mein Verhalten aus?

Sind Antons Gedanken realistisch? Sind sie zutreffend? Hängt der „Wert" eines Menschen wirklich davon ab, ob er Protokolle rechtzeitig fertig bekommt? Muss Anton unfehlbar sein, damit er positiv bewertet wird? Muss er vor allem immer positiv gesehen werden?

Anton verteidigt sich nach Kräften und versucht, die Kritik abzuwehren, indem er anderen die Schuld zuweist. Er verhält sich wie ein Mitarbeiter, der sich nicht für seine Aufgaben verantwortlich fühlt. Auf dieses Verhalten werden Sie oft stoßen, wenn Sie Menschen kritisieren: Die Kritisierten gehen in die Verteidigung. Häufig verwendete „Verteidigungsmechanismen" sind:
- Nicht wirklich hören, was gesagt wird, weil man beispielsweise schon darüber nachdenkt, wie man auf die Kritik reagieren könnte oder weil man (zu) emotional reagiert.
- Die Motive des Feedbackgebers infrage stellen durch Gedanken wie: „Er reagiert sich wieder an mir ab." Oder: „Da steckt doch ganz was anderes dahinter."

- Die Gültigkeit des Feedbacks bezweifeln durch Gedanken wie: „Das ist nicht fair, ich habe mein Bestes gegeben."
- Einen Gegenangriff auf den Feedbackgeber starten, indem man ihm die Schuld in Form von Du-Botschaften zuschiebt: „Aber Sie kommen mit Ihren Berichten auch immer zu spät."

ÜBUNG

Welchen „Verteidigungsmechanismus" setzen Sie üblicherweise ein? Wenn Sie sich darüber nicht im Klaren sind, fragen Sie Ihren Partner oder einen guten Kollegen oder eine Freundin.

Wer Feedback als Information begreift, aus der er etwas lernen kann, braucht die Verteidigungshaltung nicht. Außerdem sollte man sich darüber im Klaren sein, dass Feedback nicht immer nur auf Schwächen abzielen muss, sondern auch Stärken betonen kann.

Genau zuzuhören, wenn man Feedback bekommt, heißt noch lange nicht, dass man auch damit einverstanden ist. Es heißt aber, dass man ernsthaft darüber nachdenken will. Sollten Sie Ihrem Gegenüber dennoch eine Erklärung für Ihr Verhalten geben wollen, fragen Sie zuerst nach, ob er die Erklärung auch hören möchte. Eines sollte Ihnen allerdings bewusst sein: Das Feedback kann trotz Ihrer Erklärung in seiner ursprünglichen Form bestehen bleiben. Wenn Sie beispielsweise Ihr Zuspätkommen damit erklären, dass Sie im Stau gestanden hätten, kann Ihr Gegenüber immer noch irritiert sein.

Die folgenden Regeln helfen Ihnen, aus dem erhaltenen Feedback die für Sie relevanten Informationen herauszuziehen.

Wenn Sie Feedback bekommen:
1. Fassen Sie Kritik nicht sofort als Angriff auf Ihre Person auf.
2. Gehen Sie nicht augenblicklich in die Verteidigung, äußern Sie Ihre Gefühle oder halten Sie sie zurück.
3. Versuchen Sie, das Feedback zu verstehen. Haken Sie gegebenenfalls nach: Was hat Ihr Gegenüber genau gemeint?
4. Zeigen Sie dem Feedbackgeber Ihre Wertschätzung.
5. Ordnen Sie für sich das Feedback ein.
6. Machen Sie etwas mit dem Feedback.
7. Seien Sie offen für Komplimente, tun Sie nicht so, als seien diese nicht wichtig.

Wichtig ist, dass die Beziehung zum Feedbackgeber vertrauensvoll und offen ist. Gehen Sie respektvoll miteinander um.

Es folgen nun Erläuterungen zu den einzelnen Regeln mit Beispielen.

4.1 Fassen Sie Kritik nicht als Angriff auf Ihre Person auf

Eine der größten Fallen, in die man beim Entgegennehmen von Feedback tappen kann, ist, das Feedback als persönlichen Angriff zu werten und sich als Person zurückgewiesen zu fühlen. Bedenken Sie, dass Ihr Gegenüber Ihnen etwas sagen möchte, aus dem Sie vielleicht etwas lernen können. Gehen Sie davon aus, dass die gelieferte Kritik nur einen Aspekt Ihres Verhaltens oder Ihrer Arbeit betrifft und nichts über Ihren Wert als Person aussagt. Ob Sie sich persönlich angegriffen fühlen, hängt davon ab, wie der Feedbackgeber seinen Kommentar formuliert. Wenn er seine Kritik sehr spezifisch formuliert, dürften Sie sich in den meisten Fällen nicht angegriffen fühlen. Kommt die Kritik aber unspezifisch, fühlt der Feedbackempfänger sich angegriffen oder verletzt. Meistens spielt hier auch der Ton eine wichtige Rolle. Wenn jemand sich angegriffen oder verletzt fühlt, sollte er das gleich sagen, denn dann weiß der Feedbackgeber, wie seine Botschaft angekommen ist. Der Feedbackempfänger verschafft sich so auch etwas Zeit, um nachzudenken, wie er auf das Feedback reagieren möchte.

4.2 Gehen Sie nicht augenblicklich in die Verteidigung

Eine weitere Falle ist, sofort in die Verteidigung zu gehen. Viele Menschen verteidigen sich aus Gewohnheit, wenn sie mit Kritik konfrontiert werden. Eine Verteidigung wird aufgebaut, um das Verhalten oder einen Fehler zu erklären. Die Verteidigung dient aber auch dazu, nicht fühlen zu müssen, was in dem Moment wirklich im Inneren los ist. Möglicherweise fühlt man sich bei etwas ertappt, von dem man weiß, dass es nicht in Ordnung ist, beispielsweise beim Verstoß gegen die Sicherheitsvorschriften. Oder man fühlt sich schuldig, möchte das aber nicht offen eingestehen. Vielleicht möchte man einfach auch nur besser dastehen, als es in Wirklichkeit ist.

Es gibt viele verschiedene Motive dafür, in die Gewohnheit der Verteidigung zu verfallen. Effektiver ist es aber, zuerst einmal zuzuhören, das Feedback auf sich wirken zu lassen und zur Kenntnis zu nehmen. Danach können Sie immer noch für sich selbst entscheiden, inwieweit die Botschaft inhaltlich Gültigkeit für Sie hat und was Sie damit tun können. Sie entscheiden darüber, ob Sie sich ändern wollen und können.

4.3 Versuchen Sie, das Feedback richtig zu verstehen, haken Sie gegebenenfalls nach

Wenn die Ich-Ich-Du-Regel nicht beherzigt wird, bleibt Feedback oft vage und man kann als Empfänger nicht allzu viel damit anfangen. Wer Feedback ernst nehmen möchte und daraus etwas lernen möchte, sollte deshalb so lange nachhaken, bis er genau verstanden hat, was sein Gegenüber meint und welche Veränderung er sich erhofft. Das verlangt eine aktive Haltung.

Sie können folgendermaßen vorgehen:
1. Richten Sie Ihre Aufmerksamkeit auf Ihr Gegenüber.
2. Hören Sie genau hin, was der andere sagt und bitten Sie ihn um konkrete Fakten und um Beispiele.
3. Fassen Sie das Feedback in Ihren eigenen Worten zusammen.

Versuchen Sie, bei der erstmöglichen Gelegenheit, bei der Sie Feedback bekommen, diese Regeln zu befolgen.

> **Beispiel 1:**
> Feedbackgeber: „Ich finde Ihre Arbeitsleistung in letzter Zeit weniger gut."
> Feedbackempfänger: „Was meinen Sie mit *in letzter Zeit*? Und was genau meinen Sie mit *weniger gut*? Von welchen Aufgaben reden Sie? Womit vergleichen Sie meine Arbeit? Würden Sie mir ein Beispiel nennen?

Mit diesen Fragen können Sie dem Feedbackgeber helfen, konkret zu werden. Sie selbst erfahren, worauf der Feedbackgeber achtet, wie er die Dinge einschätzt, wodurch er zu der Schlussfolgerung gelangt ist, Ihre Leistung habe nachgelassen. Sie reagieren somit auf den Sachaspekt des Feedbacks.

> **Beispiel 2:**
> Kritiker: „Das Management in diesem Betrieb taugt nichts."
> Kritikempfänger: „Wen genau aus dem Management meinen Sie? Was macht diese Person, das Sie zu der Schlussfolgerung bringt, sie tauge nichts?"

> **Beispiel 3:**
> Feedbackgeber: „Ich höre, dass die Musik viel zu laut ist, das irritiert mich. Können Sie sie leiser drehen?
> Feedbackempfänger: „Was ist der Grund dafür, dass Sie sich darüber ärgern?"

Im letzten Beispiel geht der Feedbackempfänger auf die Gefühle des Feedbackgebers ein. Er reagiert auf den Selbstoffenbarungsaspekt und kann auf diese Weise herausfinden, was das Feedback über den Feedbackgeber aussagt.

Auf den Selbstoffenbarungsaspekt zu reagieren, kann sehr wirkungsvoll sein, wenn der Feedbackgeber etwas über seine Werte und Normen sagt. Sie können dann selbst entscheiden, ob Sie das in Zukunft berücksichtigen wollen oder nicht.

Beispiel 4:

Feedbackgeber: „Mir fällt auf, dass überall auf Ihrem Schreibtisch Papiere herumliegen. Ich empfinde das als unordentlich, so kann man doch nicht arbeiten."

Feedbackempfänger: „Ich verstehe, dass Sie das unordentlich finden, aber warum denken Sie, dass ich so nicht arbeiten kann?"

In diesem Fall ist es der Feedbacknehmer, der Informationen vom Feedbackgeber bekommt. Letzterer arbeitet am liebsten an einem aufgeräumten Schreibtisch.

4.4 Zeigen Sie dem Feedbackgeber Ihre Wertschätzung

Gehen Sie einmal davon aus, dass Feedback meistens gegeben wird, damit Sie etwas lernen oder verbessern oder verändern können. Durch offen gezeigte Wertschätzung Ihrerseits für den Feedbackgeber, der den Mut hatte, Sie anzusprechen, kann die Beziehung zwischen Ihnen beiden eigentlich nur besser werden. Zeigen Sie auch, dass Sie positives Feedback schätzen. Bedanken Sie sich dafür.

Beispiel 1:

Feedbackgeber: „Ich habe gesehen, dass Sie Fehler in der Berechnung gemacht haben. Ich habe das Gefühl, dass Sie mehr Anleitung benötigen, stimmt das?"

Feedbackempfänger: „Ich bin froh, dass Sie das ansprechen, ich habe mich selbst nicht getraut, etwas zu sagen, weil ich mir dumm dabei vorkomme."

Beispiel 2:

Feedbackgeber: „Mit dieser Sache hier haben Sie einen wichtigen Beitrag zur Lösung unseres Problems geleistet. Gratuliere!"

Feedbackempfänger: „Danke für das Kompliment. Ich freue mich."

ÜBUNG

Zeigen Sie Anerkennung und Wertschätzung für das Feedback, das Sie bekommen?

Was hält Sie davon ab, dem Feedbackgeber zu danken?

Wie reagieren Sie, wenn Sie negatives Feedback bekommen und wie reagieren Sie auf positives Feedback?

Was würde es Ihnen bringen, sich für das Feedback zu bedanken?

4.5 Ordnen Sie das Feedback für sich ein

Es ist Ihre Sache, was Sie mit den erhaltenen Informationen machen. Sie beurteilen das Feedback. Dazu können Sie sich Folgendes überlegen:
- Finde ich das Feedback positiv oder negativ, berechtigt oder unberechtigt?
- Kann ich das Feedback nachvollziehen? Habe ich dieses Feedback vorher schon einmal bekommen?

Ob Sie Kritik als positiv oder als negativ auffassen, hängt davon ab, wie sie Ihnen vermittelt wurde. Von Kursteilnehmern höre ich oft, dass sie empathische, konstruktive Kritik angenehm finden und gewinnbringend für sich nutzen können, auch dann, wenn eine Verbesserung oder Veränderung von ihnen erwartet wird. Wird Kritik hingegen negativ aufgenommen, liegt das meistens daran, dass der Feedbackgeber Bewertungen mit eingebracht hat. Der Feedbackempfänger spürt die Ablehnung und das hat niemand gerne. Ob Kritik als berechtigt oder unberechtigt erlebt wird, hängt ebenfalls mit Bewertungen durch den Kritikgeber zusammen. Wenn Sie beispielsweise richtig hart gearbeitet haben und dann kritisiert werden, empfinden Sie die Kritik wahrscheinlich als äußerst unberechtigt. Je konkreter und spezifischer das Feedback ist, umso besser kann es angenommen werden.

4.6 Machen Sie etwas mit dem Feedback

Man kann sich dem Feedback stellen, es sich sehr zu Herzen nehmen, man kann Konsequenzen damit verbinden, aber man kann es auch ignorieren. Es ist Ihre Entscheidung, was Sie damit machen.
- Fragen Sie sich, wie Sie mit dem Feedback umgehen wollen.
- Sollten Sie zu dem Ergebnis kommen, dass Sie nichts mit dem Feedback machen wollen, weil die Kritik eher etwas über den Feedbackgeber aussagt als über Sie, lassen Sie das den Feedbackgeber auch wissen.
- Sollten Sie beschließen, Ihr Verhalten oder Ihre Einstellung zu ändern, teilen Sie das dem Feedbackgeber mit und setzen Sie Ihr Vorhaben tatsächlich um. Bitten Sie, wenn nötig, um Unterstützung.
- Bei Zweifeln oder Unsicherheit, wie Sie mit dem Feedback umgehen sollen, können Sie einen Kollegen oder guten Freund fragen, ob er die Rückmeldung nachvollziehen kann. Entscheiden Sie erst dann, wie Sie mit dem Feedback umgehen wollen.

Natürlich liegt die Entscheidung, ob Sie auf das Feedback eingehen wollen oder nicht, nicht ausschließlich bei Ihnen selbst. Oft werden Sie sich dem Feedback Ihres Vorgesetzten stellen müssen und wirklich versuchen müssen, etwas zu verbessern oder zu ändern, denn Sie könnten sonst Ihren Arbeitsplatz aufs Spiel setzen.

4.7 Seien Sie offen für Komplimente

Manche Menschen tun sich richtig schwer damit, Komplimente anzunehmen. Warum eigentlich? Sie könnten sich genauso gut darüber freuen. Schließlich haben sie zu hören bekommen, sie hätten etwas gut gemacht und dass dies von anderen geschätzt wird. Solche Botschaften sind wichtig für die Entwicklung von Selbsterkenntnis und Selbstvertrauen. Ein Dankeschön an den Feedbackgeber signalisiert zudem, dass wir ihn respektieren und achten – ein wichtiger Baustein für eine gute Beziehung. Feedback ist so etwas wie ein Geschenk. Wie würden Sie sich fühlen, wenn Sie jemandem ein Geschenk überreichen und der Beschenkte reagiert gar nicht oder sagt: „Das wäre doch nicht nötig gewesen."

Es gibt viele Möglichkeiten, auf ein Kompliment zu reagieren, wie das folgende Beispiel zeigt.

Feedbackgeber: „Ich finde Sie / dich richtig nett."	
Feedbackempfänger (denkt): „Was will er von mir?"	Der Gedanke drückt Misstrauen aus.
Feedbackempfänger (denkt): „Wenn er nur wüsste ... Würde er mich besser kennen, würde er das nicht sagen."	In diesem Gedanken kommen Selbstkritik, Selbstabwertung oder Sich-selbst-Runtermachen zum Ausdruck.
Feedbackempfänger (denkt): „Das sagt er doch nur, um sich einzuschleimen und so etwas mag ich nicht."	Zweifel an den Absichten des Feedbackgebers.
Feedbackempfänger: „Danke!"	

Selbstverständlich sind noch mehr Reaktionen denkbar. Finden Sie heraus, wie Sie selbst auf Komplimente reagieren und welche Gedanken Sie dabei haben.

Es ist nicht einfach, genau das zu hören, was der andere einem zu sagen hat. Unsere Emotionen, Erfahrungen, Normen und Werte und die Wertschätzung, die wir uns selbst entgegenbringen – oder auch nicht –, sorgen dafür, dass wir in der entsprechenden Situation manchmal nicht hören, was unser Gegenüber uns sagen möchte. Oft fällt der Groschen erst viel später.

4.8 Sind alle Voraussetzungen erfüllt?

Die ideale Situation für das Empfangen von Feedback ähnelt durchaus derjenigen für das Geben von Feedback. Welche Voraussetzungen sollten Ihrer Meinung nach erfüllt sein, damit der Empfänger sich für das Feedback öffnen kann? In einer optimalen Situation geht es um Vertrauen, Respekt, Sicherheit, Aufmerksamkeit, genügend Zeit für eine Nachbesprechung und ein ruhiges Umfeld.

Doch längst ist nicht immer alles optimal. Wenn Sie z.B. davon überzeugt sind, dass sich im Feedback Ihres Gegenübers keineswegs Respekt Ihnen gegenüber zeigt, sondern dass er Sie verbal treffen möchte, weil er Sie womöglich nicht mag, dann reagieren Sie möglicherweise (zu) emotional. Doch bevor Sie das tun, machen Sie sich auch bewusst, dass sich Ihr Verhältnis zueinander hierdurch noch weiter verschlechtern wird. Sie haben letztlich die Freiheit zu entscheiden, wie Sie mit dem Feedback umgehen wollen.

Aber auch in einer solchen Situation können Sie die Regeln anwenden. Sie können Ihr Gegenüber zum Beispiel fragen, was er mit seiner Bemerkung bezweckt oder Sie können ihm sagen, dass seine Bemerkung Sie betroffen macht. Wenn Sie damit nichts erreichen, können Sie die Bemerkung ignorieren.

Eines sollten Sie sich immer wieder bewusst machen: Kritik anzunehmen ist keine leichte Sache und Weghören kann der einfachste Fluchtweg sein, aber vielleicht machen Sie es sich damit zu einfach? Vielleicht steckt ja doch ein Kern von Wahrheit in dem Feedback der anderen Person. Das werden Sie aufrichtig für sich selbst prüfen müssen.

4.9 Der Umgang mit Emotionen

Sie haben Feedback erhalten und sind sich (noch) nicht im Klaren darüber, wie Sie damit umgehen sollen? Ob Sie sich dem Feedback stellen sollen oder nicht? Fragen Sie im Zweifelsfall Kollegen, die Sie gut kennen, oder Freunde, ob diese Ihr Verhalten auch so erlebt haben. Wenn ein Feedback starke Gefühle bei Ihnen auslöst (wenn Sie sich abgewertet oder vor den Kopf gestoßen fühlen), entscheiden Sie erst später, wie Sie darauf reagieren wollen wenn sich Ihre Emotionen beruhigt haben. Steckt nicht vielleicht ein Körnchen Wahrheit in dem, was Sie zu hören bekamen und sollten Sie sich deshalb der Sache stellen und eventuell etwas daraus lernen? Oder lassen Sie die Kritik an sich abprallen, weil Sie sich sicher sind, dass es sich in erster Linie um ein Problem des Feedbackgebers handelt?

Bei Kritik sind oft Emotionen im Spiel und die Regeln für das Äußern von Kritik, wie wir sie hier besprochen haben, werden oft nicht beachtet. Dann besteht die Gefahr, dass wir auf die Emotionen reagieren und die in der Kritik enthaltenen Informationen nicht hören oder an uns abprallen lassen. Eine ungenutzte Chance, etwas zu verbessern! Wir sollten deshalb versuchen, offen für Feedback zu sein, auch wenn es auf eine unangenehme Art und Weise (also nicht den hier dargelegten Regeln entsprechend) gegeben wird. Haken Sie nach, fragen Sie nach konkreten Fakten, nach den Absichten des Gegenübers, und zeigen Sie, wenn nötig, Ihre Gefühle.

Wenn Sie Führungskraft sind, müssen Sie zusätzlich berücksichtigen: Feedback für Mitarbeiter gilt nach der allgemein herrschenden Auffassung als normal, Feedback für Vorgesetzte aber nicht. Letzteres sei nicht angemessen, und man müsse womöglich mit Repressalien rechnen. Machen Sie explizit klar, dass auch Sie Feedback bekommen wollen. Bitten Sie offen darum, laden Sie Ihre Mitarbeiter ein, Feedback zu geben. Sie können nicht davon ausgehen, dass sie es von sich aus tun.

In der Arbeitswelt ist Feedback ein wichtiges Instrument, um Ergebnisse zu korrigieren und Kontakte zu verbessern. Indem Sie um Feedback bitten und Feedback entgegennehmen, können Sie viel über sich selbst lernen und Sie verstehen dann besser, was andere von Ihrem Verhalten und Ihren Leistungen halten.

Kurz und gut: Feedback ist ein wichtiges Lerninstrument.

ÜBUNG

Sorgen Sie dafür, dass Sie in der nächsten Woche mindestens viermal Feedback bekommen. Wenn es sich nicht von selbst ergibt, bitten Sie explizit darum. Bitten Sie Ihre Vorgesetze, einen Kollegen, eine Mitarbeiterin, Ihren Partner, eine gute Freundin um Feedback. Nehmen Sie sich dabei vor, die Regeln für das Empfangen von Feedback zu berücksichtigen.

Ihre Bitte um Feedback sollte spezifisch sein. „Was hältst du von meiner Arbeit?" ist manchmal zu allgemein. Nach einem Gespräch könnten Sie beispielsweise Ihren Gesprächspartner fragen, was er angenehm und was er als nicht angenehm an Ihrem Austausch empfunden hat. Die Dinge einer Bewertung zu unterziehen ist auch eine Form von Feedback.

5. | Erfahrungen aus der Vergangenheit

Warum ist der Umgang mit Kritik für viele von uns eine so heikle Angelegenheit? Warum fällt es manchen Menschen leicht, Feedback zu geben oder Kritik zu formulieren und anderen fällt es sehr schwer? Warum kann der eine Kritik gut annehmen und ein anderer geht massiv in die Verteidigung oder zieht sich gekränkt zurück?

Ich werde in diesem Kapitel versuchen, eine Antwort auf diese Fragen zu finden und werde dazu verschiedene Theorien hinzuziehen.

> Jan war einmal ein kleiner Junge mit roten Haaren und Sommersprossen, sehr schüchtern, wohl auch deshalb, weil er anders aussah als die anderen Kinder. Er galt als Dummkopf der Klasse und die anderen hänselten ihn oft, gaben ihm Namen wie „Feuerteufel".

> Heute ist Jan ein erwachsener, vierzigjähriger Mann, dem man – rein äußerlich – nicht ansieht, dass er früher gehänselt wurde. Diese Erfahrungen aus seiner Kindheit spielen dennoch eine wichtige Rolle und sind mitentscheidend dafür, wie er sich positioniert und verhält. Jan hat zum Beispiel eine ausgeprägte Neigung, sich zu schützen. So fällt es ihm ausgesprochen schwer, sich selbst offen zu zeigen. Er beißt sich lieber auf die Zunge, als dass er sagen würde, was er von anderen hält.

> Jans verständliche Reaktion in seiner Jugend – sich selbst vor dem Schmerz zu schützen – führt ihn heute zu einem Verhalten, das ihm keine Möglichkeit lässt, sich mitzuteilen und weiterzuentwickeln.

Jeder von uns hat in der Vergangenheit damals notwendige Lektionen lernen müssen. Was man oft gehört und miterlebt hat, kann zu bestimmten Gewohnheiten führen, die sich nur schwer korrigieren lassen. Das gilt auch für das Geben und Empfangen von Feedback.

Von Beginn an bekommen wir Signale von anderen Menschen. Erst sind es unsere Eltern, Geschwister, Freunde sowie Lehrer in der Schule und später Vorgesetzte oder Kollegen, die uns mit Informationen über unser Verhalten überschütten. So haben manche von uns anerkennende Worte zu hören bekommen, während andere viel Kritik über ihr Tun und Lassen einstecken mussten. Aufgrund dieser Erfahrungen haben auch Sie zweifelsohne viel über sich und Ihre Reaktionen auf Kritik gelernt. Mehr noch: Aus Ihren Vorerfahrungen sind eingeschliffene Kommunikationsmuster entstanden.

5.1 Lektionen aus der Kindheit

Als Eltern geben wir unseren Kindern regelmäßig Feedback und kommentieren, was sie tun. Dahinter steckt der Wunsch, die Kinder vor Gefahren zu schützen und sie mit Normen und Werten vertraut zu machen.

Oft geht es um Botschaften wie: „Das darfst du nicht" „Du bist frech, hässlich, schlampig", „Du solltest dich schämen". Ein Kind fühlt sich so als Person abgewertet und zurückgewiesen, denn es kann noch nicht verstehen, dass es um einen Aspekt seines Verhaltens geht. In der Eltern-Kind-Beziehung sind die Eltern der „Boss". Sie wollen, dass die Kinder tun, was sie sagen oder für richtig halten. Die Kinder werden so geprägt und entwickeln sich entweder zu braven oder zu aufsässigen Kindern.

Die Frage ist nun: Haben sich durch Ihre Erfahrungen aus der Kindheit bei Ihnen Gewohnheiten entwickelt, die heute noch wirksam sind, auch im Hinblick auf das Thema Feedback? Anhand einiger Fragen zu Ihrer Vergangenheit können Sie das jetzt herausfinden.

ÜBUNG

Was passierte, wenn Sie Ihre Eltern oder Lehrer kritisiert haben? Welche Reaktionen hatte das zur Folge?

Wie haben Sie auf Kritik von Ihren Eltern und seitens der Lehrer reagiert?

Mögliche negative Reaktionen auf Ihre (damalige) Kritik:

- „Du hast nicht zu widersprechen."
- „Es gehört sich nicht, seine Eltern / Lehrer zu kritisieren."
- „Du bist viel zu frech."
- „Wer gibt dir das Recht, du Rotzlöffel."
- „Es gehört sich nicht, andere Menschen auf ihre Unzulänglichkeiten hinzuweisen."
- „Junge, du solltest dich schämen, das geht so nicht."

Mögliche positive Reaktionen auf Ihre (damalige) Kritik:

- „Sag doch mal, was hältst du davon?"
- „Gut, vielleicht habe ich da etwas falsch gemacht. Was sollte denn anders sein?"
- „Ich würde gern wissen, was du von mir denkst."
- „Ich höre dir zu."
- „Ich habe genau gehört, was du gesagt hast, aber ich sehe das anders als du."

Ob die Reaktionen genau in diesen Worten oder so ähnlich formuliert wurden, ist unerheblich; genauso, wie sie vermittelt wurden. Ihre Wirkung ist jedoch später – zum Beispiel am Arbeitsplatz – oft noch zu merken.

Mögliche Reaktionen Ihrerseits auf negatives Feedback:
- „Immer wird mir eins reingewürgt, das ist nicht fair."
- „Jetzt steht fest: Ich tauge nichts."
- „Ich schäme mich ganz fürchterlich, ich blamiere mich vor der ganzen Klasse."
- „Das ist mir doch egal, was die alles zu mir sagen."
- „Was für Idioten, die kapieren doch gar nichts."
- „Ich werde zusehen, dass das nicht noch einmal passiert, so eine Blamage will ich mir künftig ersparen."

Mögliche Reaktionen Ihrerseits auf positives Feedback:
- „Das ist ja toll, das freut mich."
- „Oh je, ich falle auf."
- „Na also, ich bin einfach gut."
- „Was will der wohl von mir?"
- „Das ist doch normal, dass ich mein Bestes gebe."

Wenn es darum geht, Feedback zu geben oder zu empfangen, tragen wir – bewusst oder unbewusst – Bemerkungen anderer Menschen und eigene Erfahrungen und Gedanken in uns. Wir haben es also mit unausgesprochenen Lektionen für spätere Situationen im (Arbeits-)Leben zu tun. In dem Bild, das wir von uns selbst entwickeln, haben sie ihren Platz und sie nehmen Einfluss darauf, wie wir die Welt später wahrnehmen und erfahren.

Auf den nächsten Seiten werden wir uns damit beschäftigen, welche Hintergründe Ihr persönlicher Umgang mit Kritik hat. Hierzu werden wir verschiedene theoretische Ansätze nutzen.

5.2 Abwehrmechanismen

Alles, was wir in der Kindheit an Kritik zu hören bekamen, ist im sogenannten Kind-Bewusstsein gespeichert. Im Laufe der Zeit entwickelt sich dann ein Erwachsenen-Bewusstsein, doch das Kind-Bewusstsein bleibt bestehen und kann, wenn wir kritisiert werden, im Hier und Jetzt, wieder aktiviert werden. Das erkennen Sie daran, dass Sie in die Verteidigung gehen oder sich gekränkt fühlen. Ihr „Rucksack", in dem Sie Ihren ganzen alten Schmerz mit sich herumtragen, öffnet sich.

Ingeborg Bosch (2003) spricht in diesem Zusammenhang von Abwehrmechanismen. Sie geht davon aus, dass wir als Babys und Kinder nicht bekommen haben, was wir gebraucht hätten, nämlich alle Aufmerksamkeit, Liebe, Fürsorge, Anerkennung und die direkte Befriedigung unserer Grundbedürfnisse. Eltern können diese Bedürfnisse nie hundertprozentig erfüllen und das kann man von ihnen auch nicht erwarten. Für ein Baby, das noch keinen Zeitbegriff hat, sind schon fünf Minuten Weinen eine Ewigkeit. Diese fünf Minuten kann das Kind als lebensbedrohlich erleben, denn seine Grundbedürfnisse kann es selbst nicht stillen und ist voll und ganz auf das Verhalten der Eltern angewiesen.

Bosch zufolge besitzen Kinder die Fähigkeit, ihr Bewusstsein zweizuteilen. In einem Teil werden die „lebensbedrohliche Wahrheit", nicht zu bekommen, was sie für ihr Überleben brauchen und der daraus erwachsende Schmerz gespeichert. In dem anderen Teil scheint alles in Ordnung zu sein – zumindest im Großen und Ganzen. Darüber hinaus beginnt ein weiterer Mechanismus zu wirken, nämlich die Leugnung. Wenn ein Kind kritisiert wird, ist es kaum in der Lage, die Kritik zu verstehen und zu verarbeiten. Es fühlt sich zurückgewiesen und im Stich gelassen und es baut eine Mauer aus Abwehr und Leugnung auf.

So nützlich und „lebensrettend" diese Strategie für ein Kind auch sein mag, der Erwachsene braucht die Mauer nicht mehr. Im Gegenteil: Für ihn kann sie sogar eine destruktive Wirkung entfalten. Trotzdem verfallen wir, wenn wir kritisiert werden, oft blitzschnell in eine kindliche Abwehr und Verteidigung. Das geschieht vor allem dann, wenn wir undifferenzierte Kritik bekommen, in der eine Bewertung enthalten ist, wie zum Beispiel: „Frauen sind immer so emotional."

Ihr Kind-Bewusstsein kann sich auf verschiedene Arten zeigen:

> Wilma – Marias Vorgesetzte – fragt Maria, ob sie sie mal unter vier Augen sprechen könne. Marias Herz schlägt daraufhin schneller, sie fühlt Spannung und befürchtet, sie könnte etwas falsch gemacht haben.

An diesem Beispiel können Sie sehen, wie das Kind-Bewusstsein funktioniert. Eine erwachsene Reaktion auf die Einladung von Wilma wäre gewesen, dass Maria ruhig auf sich zukommen lässt, was Wilma ihr zu sagen hat. Vielleicht möchte Wilma ihr ja etwas Vertrauliches mitteilen oder ein Problem besprechen.

5.2.1 Primäre Abwehr

Wenn Sie auf Kritik mit Gedanken wie: „Ich bringe es nicht" oder: „Ich kann es einfach nicht" oder: „Es ist alles meine Schuld" reagieren, erfolgt Ihre Reaktion aus dem Kind-Bewusstsein heraus. Bosch nennt das „primäre Abwehr". Das Erwachsenen-Bewusstsein würde sich die Kritik anhören und – wenn sie gerechtfertigt ist – eine Lehre daraus ziehen. Zu einer erwachsenen Reaktion auf Kritik gehört, dass Sie für sich realisieren: Es geht hier um einen Aspekt Ihres Verhaltens und nicht darum, Sie als Person zurückzuweisen oder niederzumachen. Beziehen Sie die Kritik auf Ihre Person, weisen Sie sich letztlich selbst zurück. Doch auf diesen Aspekt kommen wir später noch einmal zurück, wenn wir uns die verschiedenen inneren Stimmen bzw. inneren Anteile genauer ansehen werden.

5.2.2 Falsche Hoffnung

Kindlich ist auch, wenn Sie hoffen, dass Sie nicht kritisiert werden, wenn Sie sich nur genügend Mühe geben, noch freundlicher werden, keinen Streit vom Zaun brechen und anderen ihre Wünsche von den Augen ablesen. Bosch nennt diese Haltung „falsche Hoffnung". Wenn Sie den Abwehrmechanismus der falschen Hoffnung verwenden, sollten Sie sich bewusst machen, dass Sie das, was Sie früher vermisst haben, jetzt nicht mehr bekommen werden. Sie können es im Hier und Heute nicht nachholen.

5.2.3 Falsche Macht

Eine dritte Möglichkeit, auf Kritik zu reagieren, besteht darin, eine abwertende, überhebliche Haltung einzunehmen. Ihr Gegenüber liegt – so meinen Sie – mit seiner Bemerkung völlig daneben. Er sollte sich besser an Ihren Werten orientieren und tun, was Sie sagen oder für richtig halten. Wer so mit dem Finger auf andere zeigt, bleibt selbst aus der Schusslinie. Bosch spricht in solchen Fällen von „falscher Macht". Diese Abwehrstrategie wird oft als Reaktion auf Kritik eingesetzt.

5.2.4 Leugnen von Bedürfnissen

Als eine Form der Reaktion auf Kritik können Sie sich auch sagen: „Ich brauche nichts und niemanden" oder: „Es ist mir egal, was andere von mir halten" oder: „Mich ficht das nicht an. Du kannst tun oder lassen, was du willst und wie du es willst." Diese letzte Strategie bezeichnet Bosch als das Leugnen von Bedürfnissen.

Tatsächlich haben wir alle vier Abwehrstrategien entwickelt und wir wechseln in unserem Alltagsleben regelmäßig von einer zur anderen, wie das nächste Beispiel veranschaulicht.

> Ihr Kind hört extrem laute Musik und zwar die Art von Musik, die Sie absolut nicht mögen. Es ist schlicht Lärm. Sie merken, dass Sie sich nicht mehr auf das, womit Sie gerade beschäftigt sind, konzentrieren können. Sie bitten (trotz der Irritation) in aller Freundlichkeit: „Würdest du bitte die Musik etwas leiser stellen?" (Wenn Sie ein Mensch sind, der gern als nett angesehen werden möchte und Konflikte möglichst zu vermeiden sucht, setzen Sie hier wohl die falsche Hoffnung ein.) Ihr Kind tut, als habe es nichts gehört oder vielleicht hat es Sie auch tatsächlich nicht gehört. Das regt Sie mächtig auf und Sie schreien voller Wut: „Und jetzt ist Schluss. Die Musik wird ausgeschaltet. Ich bin es mehr als satt, mir diesen Lärm anhören zu müssen!" (Falsche Macht). Ihr Kind schaltet die Musik aus, rennt die Treppe hoch und knallt mit der Tür.

> Angenommen, Sie lehnen es von Natur aus ab, Ihre Kinder anzuschreien, dann haben Sie jetzt vielleicht Schuldgefühle (Primäre Abwehr). Wenn Ihre wichtigste Strategie die der falschen Hoffnung ist, werden Sie vermutlich versuchen, wieder Frieden zu schließen und es Ihrem Kind recht zu machen.

Wir alle haben verschiedene Abwehrstrategien entwickelt, aber meistens besteht eine deutliche Vorliebe für eine der Strategien. Diese Vorliebe kann durch Vorbilder aus unserem Elternhaus beeinflusst sein. Haben sich die Eltern mächtig aufgeregt, wenn Sie etwas angestellt hatten oder wurden Sie ganz ruhig zur Seite genommen und auf Ihren Fehler hingewiesen? Haben Sie immer nur negative Kritik bekommen oder gab es auch ausreichend Komplimente? Die Vorliebe für eine Abwehrstrategie hat auch etwas mit Temperament zu tun. Temperamentvolle Menschen greifen eher zur Macht, wohingegen ruhigere sich schneller anpassen. Und zu guter Letzt spielen auch die allgemein herrschenden Erwartungen eine Rolle. Ein Mann darf sich wie ein Macho benehmen und wird dafür belohnt und akzeptiert, eine Macho-Frau dagegen geht gar nicht.

Was das Äußern von Kritik angeht, können wir zwischen Vermeidern (Menschen, die Angst davor haben, Kritik zu äußern) und Kämpfern oder Rebellen (Menschen, die so kritisch sind, dass das Verhältnis zu anderen darunter leidet) unterscheiden. Die Vermeider bedienen sich der falschen Hoffnung oder der Leugnung von Bedürfnissen, während sich die Kämpfer der falschen Macht bedienen.

5.3 Voice Dialogue

Auch die Methode des Voice Dialogue – entwickelt von Hal und Sidra Stone (1986, 1990) – kann dabei helfen, Hintergründe für Probleme im Umgang mit Kritik auszumachen. Hal und Sidra Stone gehen davon aus, dass jeder Mensch mit seiner eigenen besonderen Essenz auf die Welt kommt. Jeder wird als einzigartiges Individuum mit spezifischen genetischen Merkmalen, die sein Erscheinungsbild bestimmen, geboren. Und jeder besitzt seinen eigenen psychisch-seelischen Fingerabdruck: eine einzigartige Qualität, die seine Identität bestimmt und bewirkt, dass er sich von anderen unterscheidet. Es ist die subtile Qualität, die uns ins Bewusstsein kommt, wenn wir an einen bestimmten Menschen denken. Diese Qualität wird von unserem Ich der ersten Stunde getragen, dem verletzlichen Kind, das uns lebenslang begleitet.

Bereits von Geburt an haben wir die Fähigkeit, eine nicht festgelegte Zahl von Subpersönlichkeiten zu entwickeln. Sie sind die Bausteine unserer Persönlichkeit, die wir mit den Jahren entwickeln. Bei der Geburt sind wir verletzlich und völlig von unseren Eltern abhängig. Wie Ingeborg Bosch gehen auch Hal und Sidra Stone davon aus, dass diese Verletzlichkeit beschützt werden muss. Speziell zu diesem Zweck entwickeln wir einige Subpersönlichkeiten, eine Art innere Familie. Unsere Eltern, die Schule, die Kultur und auch der Zeitgeist beeinflussen uns, während wir aufwachsen. Uns werden allerlei Vorstellungen darüber vermittelt, welche Art von Kind oder Mensch wir sein oder werden sollten. Weil wir als Kinder verletzlich sind, versuchen wir, so gut es geht, den Vorstellungen zu entsprechen, denn dadurch werden wir beschützt und von anderen geliebt. Das Bedürfnis, die eigene Verletzlichkeit zu schützen, steht also am Anfang unserer Persönlichkeitsentwicklung.

Im Raum zwischen dem inneren (verletzlichen) Kind und anderen Menschen entwickeln sich also einige Subpersönlichkeiten, deren Aufgabe es ist, das Kind zu beschützen. Das ist ein natürlicher und notwendiger Prozess. Diese Subpersönlichkeiten haben die Neigung, sich äußerst beschützend zu verhalten, bis wir schließlich erwachsen sind und unseren Platz in der Gesellschaft einnehmen können. Dann ist das verletzliche Kind meist gut verborgen und nicht mehr sichtbar, und dennoch ist es immer irgendwie da, denn das entspricht unserem Wesen. Viele Menschen haben, wenn sie erwachsen geworden sind, allerdings den Kontakt zu ihrer Verletzlichkeit verloren.

5.3.1 Haupt-Selbste

Sehen wir uns nun einige dieser Persönlichkeitsanteile genauer an, nämlich die von Hal und Sidra Stone sogenannten Haupt-Selbste. Die meisten Menschen werden sie ohne Schwierigkeiten wiedererkennen.

Der Regelbewacher

Als erstes entwickelt sich der Regelbewacher, der uns vorschreibt, was für ein Mensch wir sein sollen und welche Eigenschaften wir keinesfalls haben dürfen. Er beschützt unser verletzliches Kind und dominiert die Menschen um uns herum. Der Regelbewacher tritt früh in unser Leben, er sieht sich um und erkennt, welches Verhalten belohnt und welches bestraft wird. Er ist ständig auf der Suche nach neuen Informationen und richtet seine Regeln danach aus.

Kontrolliert der Regelbewacher voll und ganz unser Leben, wird keine Information mehr zugelassen, die den Status quo stören könnte oder uns an unseren Vorstellungen und Charakterzügen zweifeln ließe.

Ihr Regelbewacher findet, Sie sollten bestimmte Eigenschaften haben: Vernunft, Anstand, Ehrlichkeit, Zuverlässigkeit, Fröhlichkeit, Ehrgeiz. Diese Qualitäten spiegeln sich in den Haupt-Selbsten wider. Ihr Regelbewacher sieht es nicht gerne, wenn Sie impulsiv, unanständig, faul oder hinterhältig sind und er ärgert sich, wenn andere Menschen so sind oder sich so verhalten. Für Sie selbst werden diese Eigenschaften oder Verhaltensformen verdrängte Anteile (Sie dürfen nicht so sein oder sich so verhalten) und in Bezug auf andere ergibt sich daraus Stoff für Kritik. Der Regelbewacher wird dann zum Richter.

Der Antreiber

Ein wichtiger Verbündeter des Regelbewachers ist der Antreiber. Er sorgt dafür, dass wir in der Schule gute Leistungen erbringen. Der Antreiber – manche bezeichnen ihn auch als Sklaventreiber – ist immerzu wachsam, er kennt immer schon den nächsten Schritt. Er ist jener Teil von uns, der Listen schreibt, uns anstachelt und dafür sorgt, dass wir hart arbeiten und produktiv sind. Er kümmert sich darum, dass wir uns gut benehmen und andere uns bewundern. Auch er tut all das mit dem Ziel, das verletzliche Kind zu schützen und ihm ein gutes Gefühl zu geben. Wenn der Antreiber die Führung hat, wird es schwierig, sich zu entspannen und mit anderen wirklich in Kontakt zu kommen. Der Antreiber will, dass wir etwas erreichen und unsere Eltern haben ihr Bestes dafür getan, dass wir hart arbeitende Menschen geworden sind.

Der Perfektionist

Ein weiterer Verbündeter des Regelbewachers ist der Perfektionist. Dieser Teil von uns definiert allerlei (Perfektions-)Ziele. Wir müssen perfekt aussehen, fehlerlos arbeiten, perfekte Kinder haben, perfekt sein, damit niemand uns kritisieren kann und damit das „verletzliche" Kind in Sicherheit ist. Der Perfektionist toleriert bei Menschen keine Schwäche und wird in unserer Gesellschaft – und durch unsere Eltern – enorm stimuliert. Natürlich steht auch dem Perfektionisten sein Platz zu, denn es ist auch sein Verdienst, dass wir uns gut vorbereiten und gute Arbeit liefern, dass wir perfekte medizinische Eingriffe leisten und bis auf den Millimeter genau Dinge vermessen können. Tragisch wird der Perfektionist, wenn er zu hohe Ansprüche an uns stellt, Ansprüche, die wir nie und nimmer erfüllen können. Er bekommt dabei oft noch Gesellschaft vom inneren Kritiker.

Der innere Kritiker

Der innere Kritiker ist mehr oder weniger unsere primäre Abwehr. Er registriert Fehler und Unvollkommenheiten, bevor andere sie bemerken. Er möchte verhindern, dass andere etwas wahrnehmen könnten, was zu beanstanden wäre. Sein Bestreben ist, dass es uns gut geht, dass wir geliebt werden, erfolgreich sind und akzeptiert werden. Er hat uns bei allen notwendigen Anpassungen an unser Umfeld geholfen und er hilft dabei, die Ansprüche, die an uns gestellt werden, zu erfüllen. Damit er seine Ziele erreichen kann, musste er unsere natürlichen Neigungen im Zaum halten und darauf achten, dass wir von anderen akzeptiert werden. Zu diesem Zweck kritisiert und korrigiert er uns, bevor andere das tun und uns eventuell zurückweisen.

Der innere Kritiker erwacht, wenn wir von anderen kritisiert werden, weil er sich um uns sorgt. Wenn wir kritisiert werden, fühlen wir uns unsicher. Kritik führt zu Scham- und Schuldgefühlen und genau davor will er uns bewahren.

Das Problematische daran ist: Der innere Kritiker kann derart gegen uns wüten, dass wir unser Selbstvertrauen verlieren und meinen, nicht liebenswert zu sein. Er findet kein Ende und bewirkt damit, dass wir uns selbst schaden. Wenn wir Fehler machen, weist er uns zurecht und er vergleicht uns mit anderen, die besser, toller und schöner sind als wir. Am Ende fühlen wir uns schlecht und unzulänglich und werden vielleicht sogar depressiv. Spätestens dann hat der innere Kritiker völlig vergessen, wofür er eigentlich da ist.

Der Rechtmacher

Die letzte Subpersönlichkeit, die wir hier besprechen wollen, ist der Rechtmacher (den man mit der falschen Hoffnung vergleichen könnte). Der Rechtmacher erkennt haarscharf die Bedürfnisse und Gefühle anderer Menschen. Als Baby lernen wir, unsere Eltern anzulachen; es fühlt sich schön und geborgen an. Wir kennen sicherlich alle diese Situation, in der eine Mutter (oder ein Vater) zum Kind sagt: „Lach doch mal die Mama an!", und wie entzückt die Mama dann ist, wenn das Kind lacht. Hier nimmt die Entwicklung des Rechtmachers ihren Anfang. Kinder lernen schnell, dass die Mutter angespannt oder ärgerlich wird, wenn sie laut weinen. Diese Mutter ist anders als die, die auf ein Lachen reagiert. Also muss man doch etwas tun, damit die Mutter wieder lacht …

Der Rechtmacher kann es anderen Leuten sehr gut recht machen, was dazu führt, dass er allgemein geschätzt wird. Ist er als Automatismus bei uns aktiviert, räumen wir den Bedürfnissen anderer Menschen Vorrang ein, wollen anderen ständig entgegenkommen. Egoismus und Wut werden dagegen abgelehnt und so entwickeln sich diese Verhaltensweisen oder Eigenschaften zu verdrängten Anteilen.

All diese Teilpersönlichkeiten gehören zu uns. Hal und Sidra Stone nennen sie die Haupt-Selbste. Sie repräsentieren wichtige Werte in unserem Leben und Eigenschaften und Verhaltensweisen, die wir für gut und richtig halten. Daneben gibt es auch Teilpersönlichkeiten, die die entgegengesetzten Werte repräsentieren, also Werte, die wir in unserem Entwicklungsprozess verwerfen mussten. Es sind unsere verdrängten Anteile.

Jeder Mensch hat also eine Vielzahl von Persönlichkeiten in sich. Wenn Sie darauf achten, nehmen Sie vielleicht wahr, dass diese Teilpersönlichkeiten miteinander im Dialog sind. Dabei ist aber eines sehr wichtig: Sie können diese Stimmen hören und beobachten, aber die Stimmen sind nicht Sie. Sie sind gleichsam Zeuge der verschiedenen inneren Stimmen oder Energiemuster, die Sie dazu bewegen, Kritik zu äußern oder umgekehrt, Kritik zu vermeiden. Wenn Sie sich das einmal bewusst gemacht haben, haben Sie die Wahlfreiheit, dem, was die Stimmen äußern, zu folgen oder nicht zu folgen. Es gibt auch innere Stimmen, die auf die Kritik an Ihnen reagieren und Sie in die Verteidigung oder den Gegenangriff führen.

Jeder von uns ist ein mehrstimmiges Selbst und das Wesen unseres Seins ist von diesen verschiedenen Stimmen umgeben.

5.3.2 *Beispiele*

> Richard ist ein kleiner, temperamentvoller Junge, der zornig reagiert, wenn er seinen Willen nicht durchsetzen kann. Dann wirft er sich hin und schlägt mit seinem Kopf auf den Boden. Seine Mutter bestraft ihn: Jedes Mal, wenn er zu toben anfängt, packt sie ihn und befördert ihn auf den Flur.

Der kleine Richard hat nach zahlreichen Bestrafungen gelernt, seine Tobsuchtsanfälle zu beherrschen. Wenn er einmal erwachsen ist, wird er Menschen, die sich über etwas fürchterlich aufregen und aggressiv reagieren, verurteilen. Doch wenn er wirklich bedroht wird oder seine Grenzen verletzt werden, liegen Wutanfälle und Aggressionen auch bei ihm nicht fern.

> Mareike ist ein verträumtes Kind. Sie liebt es, einfach so vor sich hinzustarren und sich ihrer Fantasie hinzugeben. Ihre Eltern sind hart arbeitende Menschen, die auch von Mareike erwarten, dass sie immer mit irgendetwas beschäftigt ist. Wenn sie vor sich hinträumt, sagen die Eltern: „Geh doch spielen oder male etwas." Sie soll immer etwas tun und mit etwas beschäftigt sein.

Mareike wird einen Antreiber entwickeln, der dafür sorgt, dass sie – wie ihre Eltern – immer in Bewegung ist. Vielleicht gewöhnt sie sich die Tagträumereien ganz ab, obwohl sie sie an sich genießen könnte. Mareike wird dann Tagträumer kritisieren und sie dazu animieren, etwas zu tun.

> Werner fällt es schwer, Kritik an seinem Vorgesetzten zu üben. Im Grunde genommen fehlt ihm der Mut dazu: Er befürchtet, bestraft zu werden, wie früher, wenn er seine Eltern kritisierte. Ihm ist es außerdem wichtig, dass andere ihn mögen und nett finden.

> Seinem Vorgesetzten ist nun ein Berechnungsfehler in einem Kostenvoranschlag für ein Projekt unterlaufen. Der Beschützer / Regelbewacher könnte Werner nahelegen: „Halt einfach den Mund, es gehört sich nicht, deinem Vorgesetzten auf die Finger zu schauen. Das sind die Regeln, er ist der Chef, er hat die Macht."

> Der Perfektionist könnte sagen: „Du musst auf jeden Fall etwas dazu sagen, denn das geht doch nicht, dass im Kostenvoranschlag deines Chefs ein Fehler enthalten ist. Der Kostenvorschlag muss stimmen."

> Die Angst zu versagen sagt: „Bald geht es drunter und drüber und wir bekommen eine schlechte Beurteilung."

> Der Mutige: „Du musst etwas sagen, auch wenn er der Chef ist. Er wird dir vielleicht dankbar dafür sein, dass du den Fehler jetzt schon bemerkt hast."

Werner muss nun entscheiden, was er tun wird. Entscheidend dafür ist, welche der Stimmen im entsprechenden Moment die Oberhand hat.

Wie in den Beispielen zu sehen war, sind wir ständig im Dialog mit uns selbst. Hier folgt noch ein Beispiel, in dem es um das Annehmen von Kritik geht.

> Judith ist eine sehr motivierte Mitarbeiterin. Sie arbeitet viel und ist enorm ehrgeizig. Um jeden Preis will sie gute Ergebnisse erzielen, wodurch allerdings andere Menschen in ihrem Umfeld unter Druck geraten (hier ist der Antreiber am Werk). Ihr Chef gibt ihr folgende Rückmeldung. „Ich schätze es sehr, dass Sie ehrgeizig und motiviert sind, würde mir jedoch wünschen, dass Sie sich und andere weniger unter Druck setzen."
>
> Der Antreiber: „Die Arbeit muss doch fertig werden. Morgen ist Liefertermin."
>
> Der Bequeme: „Ich werde darauf achten und es ruhiger angehen lassen."
>
> Der Dominante: „Das entscheide ich aber immer noch selbst."

Wenn Judith sich gerade stark mit dem Antreiber identifiziert, wird sie die Botschaft, es ruhiger angehen zu lassen, nicht hören. Sie wird sich weiter antreiben. Wenn sie sich aber später einmal die Zeit nimmt, ihr Handeln zu reflektieren, kommt sie vielleicht zu einem anderen Ergebnis.

Erfahrungen und Ereignisse aus der Vergangenheit können also zu bestimmten Verhaltensmustern führen. Es können Gewohnheiten daraus werden, unter denen Sie möglicherweise heute noch leiden oder die die Effektivität Ihres Handelns beeinträchtigen.

Zum Beispiel folgendermaßen:
- Es fällt Ihnen schwer, Feedback zu geben oder offen für Rückmeldungen von anderen zu sein.
- Sie fürchten sich davor, das Verhalten anderer zu beurteilen, weil Sie fürchten, andere Menschen könnten aufgrund Ihrer Worte bestürzt sein oder sich verletzt fühlen.
- Wenn Sie negative Kritik äußern, haben Sie Angst, der Empfänger könnte Sie angreifen oder aus der Situation könnte ein Konflikt entstehen.
- Sie reagieren aggressiv auf negatives Feedback und hören sich gar nicht erst an, was man Ihnen wirklich sagt. Oder Sie haben Angst davor, tief enttäuscht zu werden, wenn etwa Kritik an Ihrer Arbeit laut werden sollte.
- Sie finden es schwierig, mit Komplimenten umzugehen. Sie hören sie gar nicht oder reagieren misstrauisch darauf.

ÜBUNG

Welche Gewohnheiten haben Sie beim Feedback-Empfangen entwickelt?

Welche Gewohnheiten haben Sie beim Feedback-Geben entwickelt?

Diese Gewohnheiten wurzeln in den Erfahrungen aus der Vergangenheit. Wenn Ihnen aber bewusst ist, dass es diese Gewohnheiten gibt und Sie einsehen können, dass es sich um erlernte Gewohnheiten handelt – also im Prinzip um veränderliches Verhalten –, können Sie auch Veränderungen herbeiführen. Das geht allerdings nicht von alleine. Ein erster Schritt wäre aber schon, jeweils zu hinterfragen, welcher Teil, welche innere Stimme jetzt beim Geben und Nehmen von Feedback den Ton angibt. Nehmen Sie den inneren Dialog bewusst wahr und treffen Sie eine Entscheidung. Bewusstwerden durch Selbstreflexion ist der erste Schritt zur Veränderung. Der nächste Schritt besteht darin, zu experimentieren und das neue Verhalten einzuüben, damit Sie neue Erfahrungen machen können.

ÜBUNG

Reden Sie einmal mit Ihrer Familie darüber, wie Sie früher auf Feedback und Kritik reagiert haben. Und wie reagieren Sie in den Augen Ihrer Familie heute?

Reden Sie mit Ihrem Partner bzw. einer guten Freundin darüber, wie Sie – in seiner / ihrer Wahrnehmung – meistens auf positives Feedback reagieren. Fragen Sie sie / ihn auch, wie Sie meistens reagieren, wenn Sie kritisiert werden.

Stimmt das Bild, das Ihnen so vermittelt wird, mit dem Bild überein, das Sie von sich selbst haben? Wo gibt es eventuell Unterschiede und was sind die Gemeinsamkeiten?

6. | Mit Emotionen beim Geben und Empfangen von Feedback umgehen

Im letzten Kapitel haben wir uns mit den Erfahrungen aus der Vergangenheit beschäftigt, die mitverantwortlich dafür sind, dass es uns heute schwerfällt, Feedback zu geben und entgegenzunehmen. In diesem Kapitel wollen wir uns die dazugehörigen Gefühle und Gedanken einmal genauer ansehen und uns mithilfe des Rationalen Effektivitätstrainings (RET) erschließen, wie wir am besten damit umgehen können. Im darauffolgenden Kapitel stelle ich noch einen Ansatz für den effektiven Umgang mit Kritik vor.

ÜBUNG

Spüren Sie folgenden Fragen nach und beantworten Sie sie mit: immer / meistens / manchmal / selten / nie.

Wie oft fühlen Sie sich entspannt und Ihrer Sache sicher, wenn Sie jemandem gleich Feedback geben wollen?

Wie oft reagieren Sie entspannt und gelassen, wenn Sie Feedback in Bezug auf Ihre Arbeitsweise bzw. Arbeitsleistung bekommen?

So manches Mal reagieren wir (zu) emotional. Folglich gelingt es nicht, das Feedback so anzunehmen, dass wir etwas daraus lernen könnten. Wir ärgern uns zum Beispiel, wenn wir kritisiert werden oder wir überlegen es uns zweimal, bevor wir es wagen, jemandem negatives Feedback zu geben.

ÜBUNG

Vergegenwärtigen Sie sich das letzte Mal, als Sie zu Ihrer Arbeit eine Rückmeldung bekamen und Ihnen dabei durch den Kopf ging: Ja, aber …
Wie haben Sie sich dabei gefühlt?
Was haben Sie gedacht?

Denken Sie nun an eine Situation, in der Sie etwas erlebt oder gehört haben, das Sie zwar irritierte, Sie bei näherem Hinsehen aber beschlossen, nichts dazu zu sagen.
Wie haben Sie sich da gefühlt?
Was haben Sie gedacht?

Wir lassen uns in unserem Verhalten oft von Kurzzeitzielen leiten anstatt von Langzeitzielen. Wir wollen den schnellen Erfolg, die unmittelbare Befriedigung unserer Wünsche (wie Kinder) und wir gehen unerfreulichen Situationen lieber aus dem Weg, anstatt die Wirkung unseres Handelns über einen längeren Zeitraum hinweg zu betrachten.

Häufig ist das auch der Fall, wenn wir kein Feedback geben. Offenbar sind damit Vorteile verbunden. Welche Vorteile ziehen wir aus dem Nichtgeben von Feedback? Denken Sie in Ruhe darüber nach.

Kommen Ihnen diese Überlegungen bekannt vor?
- Die angenehme Atmosphäre bleibt erhalten.
- Sie bekommen keine Kritik zurück.
- Es kommt nicht zu einem Konflikt.
- Es geht keine Zeit verloren.
- Es kostet Sie keine zusätzliche Energie
- Sie spüren Erleichterung in dem Moment, die Spannung lässt nach.
- Sie müssen sich keine Blöße geben.
- Sie werden wenigstens nicht als schwierig und / oder unbequem wahrgenommen.

Diese Gedanken scheinen kurzfristig mit Vorteilen verbunden zu sein. Verhindern sie doch, dass Sie sich gestresst oder unwohl fühlen. Was aber sind die langfristigen Folgen, wenn Sie kein Feedback geben? Denken Sie wieder in Ruhe darüber nach.

Mögliche Folgen könnten sein:
- Ihr Ärger bleibt bestehen.
- Sie spüren weiterhin die Spannung.
- Es ändert sich nichts.
- Ihr Gegenüber bekommt nicht die Chance, etwas zu verbessern.
- Ihr Gegenüber bekommt keine Informationen.
- Das Verhältnis zwischen Ihnen und Ihrem Gegenüber leidet langfristig.
- Das Nichtgeben von Feedback trägt zu einem negativen Selbstbild bei ("Ich traue mich nicht").
- Auf Dauer leidet die Atmosphäre.
- Sie bekommen nicht, was Sie wollen.

Wie Sie an dieser Aufzählung sehen können, führt das Vermeiden unangenehmer Situationen auf Dauer nicht zu den gewünschten Resultaten.

6.1 Das ABC-Modell – Rationales Effektivitätstraining

Vielleicht denken auch Sie, dass unsere Gefühle Reaktionen auf Ereignisse sind, dass Sie also Angst bekommen, weil Sie Feedback geben sollen oder Wut in Ihnen aufkommt, weil Sie bezüglich Ihrer Arbeit kritisiert wurden. Viele Menschen denken, dass es so funktioniert. Aber stimmt das wirklich?

- Reagiert jeder Mensch in einer solchen Situation gleich?
- Reagieren Sie immer gleich, wenn Sie Feedback geben sollen?
- Werden Sie immer wütend, wenn Sie kritisiert werden?

Die Antwort lautet jeweils: „Nein." Es muss also noch etwas anderes geben, das am Entstehen von Gefühlen beteiligt ist. Wir gehen davon aus, dass jeder Mensch selbst verantwortlich für seine Gefühle ist und berufen uns dabei auf das Rationale Effektivitätstraining (RET), eine der Techniken, die helfen können, unsere Emotionen in den Griff zu bekommen. Demnach ist nicht irgendein Ereignis der Grund dafür, dass wir uns angespannt, unglücklich, ärgerlich, ängstlich, traurig oder schuldig fühlen. Es sind vielmehr unsere Gedanken über das Ereignis, unsere Denkweise, die die Emotionen auslösen. Oft versetzt uns nicht das Ereignis selbst in Aufruhr, sondern die Art und Weise, wie wir es auffassen.

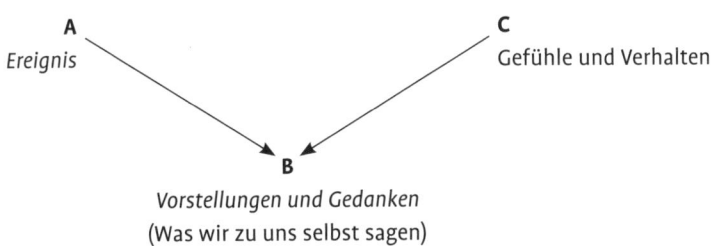

A		**C**
Ereignis		Gefühle und Verhalten
	B	
	Vorstellungen und Gedanken	
	(Was wir zu uns selbst sagen)	

A Ereignis	Sie wollen einem Kollegen, der Ihrer Meinung nach eine schlechte Leistung geliefert hat, Feedback geben.
C Gefühle und Verhalten	Sie fühlen sich unsicher und verschieben das Feedback immer wieder.
B Vorstellungen und Gedanken	„Oh je, dann wird er sauer und wir bekommen Streit. Das würde ich nicht ertragen, das finde ich schrecklich."

Abbildung 2: Das ABC-Modell

Viele Menschen erleben Gefühle der Unsicherheit, wenn sie einem Kollegen aufgrund seiner schlechten Leistungen korrigierendes, negatives Feedback geben sollen. Es tauchen allerlei Bedenken auf, die sie davon abhalten, das Feedback tatsächlich vorzubringen. Ihre Gefühle der Unsicherheit führen sie dann auf die Tatsache zurück, dass sie Feedback geben sollen. Aber es ist nicht wirklich das Ereignis (A), das die Gefühle und das jeweilige Verhalten heraufbeschwört, sondern es liegt noch ein Schritt dazwischen: Es sind die Gedanken und die Vorstellungen (B), die dafür verantwortlich sind. Für Anspannung sorgen die Gedanken: „Oh je, dann wird er sauer auf mich sein und wir bekommen Streit. Das würde ich nicht ertragen oder, das finde ich schrecklich."

Wie aber würden Sie sich fühlen, wenn Sie stattdessen denken würden: „Es ist keine schöne Aufgabe, negative Kritik zu äußern, aber ich mache es, damit mein Gegenüber daraus seinen Nutzen ziehen kann. Wenn er sauer wird, komme ich damit zurecht, denn es ist nicht meine Absicht, mit ihm zu streiten. Ich lasse mich nicht davon abhalten, meine Kritik auszusprechen." Dieser realistische Gedankengang sorgt wohl für weniger innere Anspannung und macht es wahrscheinlicher, dass Sie Ihr Feedback tatsächlich geben werden.

Wenn Sie Ihrer eigenen Denkweise auf den Grund gehen und Ihre Art zu denken analysieren und schließlich ändern, finden Sie selbst Wege, Feedback-Situationen entspannter zu bewältigen. Dieses Erforschen nennen wir Hinterfragen bzw. sprechen wir davon, dass wir unsere Gedanken (bzw. Vorurteile, Auffassungen, Vorstellungen) zur Diskussion stellen.

Sie können dies tun, indem Sie folgende Fragen beantworten:
- Inwieweit helfen mir diese Gedanken bei dem, was ich tue und erreichen will? Erreiche ich meine Ziele, wenn ich so denke?
- Inwieweit sind meine Gedanken wahr, logisch und stimmen sie mit den Fakten überein? Sind sie Fantasien oder entsprechen sie der Realität?

> Eva und Tamara managen gemeinsam das Sekretariat eines mittelständischen Betriebs. Tamara hat im Lauf der Zeit die Angewohnheit entwickelt, sich während der Arbeitszeit auf ihrem Stuhl zurückzulehnen und sich mit Cornelius, einem Kollegen aus dem Lager, zu unterhalten. Diese Momente der Entspannung ziehen sich immer mehr in die Länge. Das führt dazu, dass Eva alle Hände voll zu tun hat, um die eingehenden Anrufe zu bewältigen. Das wurmt sie, aber sie sagt trotzdem nichts dazu. Manchmal fühlt sie sich ziemlich frustriert, doch um des lieben Friedens willen schweigt sie.

Schauen wir uns dieses Beispiel einmal genauer an. Sie werden feststellen, dass es zu den einzelnen As verschiedene dazugehörige Bs und Cs zu entdecken gibt. Lassen Sie uns das Beispiel von Eva und Tamara entwirren:

A Ereignis	Tamara führt während der Arbeitszeit Gespräche mit Cornelius.
C Evas Gefühle und Verhalten	Eva ärgert sich über Tamaras Verhalten und übernimmt die Arbeit von Tamara. Das wurmt sie.
B Evas Vorstellungen und Gedanken (Was sagt sie zu sich selbst?)	„Ich übernehme die Arbeit, aber mir gefällt das Ganze nicht." „Tamara hat nicht das Recht, mir diese zusätzliche Arbeit aufzubürden." „Sie soll gefälligst ihre Arbeit machen."

Helfen diese Gedanken Eva in der Situation weiter? Und stimmt das, was sie denkt?

Ärger bringt Eva nicht weiter. Darunter leidet nur das Verhältnis zu Tamara. Natürlich ist es angenehm, wenn die Kollegen Rücksicht nehmen und nicht ungefragt Arbeiten auf andere abschieben, aber die Wirklichkeit sieht anders aus. Es ist logisch, dass Eva von Tamaras Verhalten irritiert ist, aber daraus zwangsläufig zu fordern, dass Tamaras Verhalten nicht sein kann oder sein darf, verändert bei Tamara nichts. Das Gefühl des Ärgers kann sich zu Wut oder Frustration auswachsen und Eva daran hindern, gutes Feedback zu geben.

In diesem Beispiel sind jedoch noch mehr Emotionen im Spiel:

A Ereignis	Eva empfindet Ärger und Wut.
C Evas Gefühle und Verhalten	Eva setzt diesen Ärger nicht in ein adäquates Auftreten um. Sie äußert sich nicht. Ihre Gefühle könnte man mit den Worten Unsicherheit, Selbstvorwürfe oder Angst beschreiben.
B Gedanken (Was hält Eva davon ab, Feedback zu geben? Welche Gedanken gehen ihr durch den Kopf?)	„Ich sage lieber nichts, denn wenn ich etwas sagen würde, käme es wahrscheinlich zu einer Auseinandersetzung und das finde ich noch schlimmer. Tamara würde mich dann nicht mehr mögen." Und: „In einer so unangenehmen Atmosphäre könnte ich nicht arbeiten." Diese Gedanken führen zu Angstgefühlen. Selbstvorwürfe kommen zustande, weil Eva sich sagt: „Ich müsste mich trauen, Tamara zu sagen, was ich über ihr Verhalten denke, aber ich traue mich nicht. Ich bin ein Weichei und ein Feigling."

Indem Eva so über sich denkt, erschafft sie sich ein weiteres Problem. Sie übernimmt nicht nur Tamaras Arbeit, sie wertet sich deswegen auch noch selbst ab.

Wenn wir Evas Gedanken nun zur Diskussion stellen, können wir uns fragen:

■ Hilft es Eva weiter, so zu denken? Ist ihr Denken in Bezug auf ihre persönliche Entwicklung und in Bezug auf das Verhältnis zu Tamara effektiv?

■ Basieren ihre Gedanken auf der Wirklichkeit, oder sind es Fantasien?

Versuchen Sie, bevor Sie weiterlesen, zuerst die Fragen selbst zu beantworten.

Diese Gedanken sind für Evas Verhalten und ihr Gefühl von Selbstrespekt nicht hilfreich. Die abwertenden Gedanken behindern sie in ihrem Handeln: Es wird für Eva noch schwieriger, Tamara zu sagen, was sie über ihr Verhalten denkt. Die unschöne Situation, dass Eva zusätzliche Arbeit untergejubelt wird, bleibt bestehen. Weiter kann man sagen, dass die Gedanken zudem keine Basis in der Realität haben. In Evas Kopf läuft ein Katastrophenszenario ab. Dabei ist es gar nicht sicher, dass es zum Streit kommt, wenn Eva etwas zu der Situation sagen würde. Vielleicht sagt Tamara ja, ihr sei das Problem gar nicht bewusst und künftig werde sie nicht mehr oder nicht mehr ganz so lange mit dem Kollegen reden. Aus einem möglichen Ereignis macht Eva jedoch schon vorab eine unumstößliche Tatsache und in ihren Gedanken übertreibt sie.

Dass Eva übertreibt, lässt sich allein daran ablesen, dass sie glaubt, ein Streit müsse um jeden Preis vermieden werden. Natürlich ist es schön, wenn man bei den Kollegen beliebt ist, aber Liebe und Respekt sind keine primären Bedürfnisse wie Wasser und Nahrung. Eva macht aus einem Wunsch eine irrationale Forderung. Diese Einstellung und die damit einhergehende Angst („Ich sage lieber nichts, denn wenn ich mir vorstelle, Tamara würde sich von mir abwenden, das fände ich schrecklich.") führen zur Vermeidung. Das Feedback bleibt aus.

Eva verkörpert den Typ „Liebesjunkie", also jemanden, der denkt, es sei absolut notwendig, von anderen immer geliebt und respektiert zu werden. „Ich brauche die Wertschätzung von anderen, insbesondere von den Menschen, die mir wichtig sind, sonst bin ich nichts wert."

Evas Selbstvorwürfe („Ich bin ein Weichei und ein Feigling") sind genauso wenig geeignet, ihre Arbeitssituation oder ihre Vorgehensweise zu verbessern. Außerdem stimmt der Gedanke nicht. Selbst wenn man Evas konkretes Verhalten in dieser Situation als lasch oder feige bezeichnen würde, ließe sich daraus keineswegs ableiten, sie selbst als Mensch sei generell ein Feigling oder Duckmäuser. (Hier geht es um den Mechanismus der primären Abwehr, bzw. der in Kapitel 5 beschriebene innere Kritiker hat das Sagen.)

Unser Verhalten in einer bestimmten Situation sagt nichts aus über unseren Wert als Person.

Wenn Eva sich nun vornimmt, beim nächsten Mal Feedback zu geben, könnte sie in eine Falle tappen. Sie könnte sich nämlich zu sehr unter Druck setzen, beim nächsten Mal unbedingt Feedback geben zu müssen – und zwar gutes Feedback.

Es wäre für Eva beruhigender, produktiver und anregender, wenn sie folgendermaßen denken würde: „Ich möchte gern lernen, Feedback zu geben, aber es ist nicht zwingend erforderlich, dass ich es tue und es muss auch nicht in jeder Situation sein. Es geht auch nicht darum, dass mein Feedback fehlerlos ist. Zu jedem Lernprozess gehören auch Fehler und Rückschläge."

Fällt Ihnen auf, wie oft „Müssen" in Evas Denken vorkommt? Jedes Mal, wenn wir uns selbst einreden, wir „müssen" etwas, wir „ dürfen etwas nicht" oder etwas „gehört sich so", setzen wir uns unter Druck. Forderungen dieser Art sollten besser in Wünsche umgewandelt werden.

Was wir an Evas Beispiel sehen konnten, gilt für andere Menschen genauso. Sie führen, wenn sie mit bestimmten Ereignissen konfrontiert werden, Gespräche mit sich selbst. Nicht etwa laut, sondern in Gedanken. Sie fantasieren, was alles geschehen könnte. Wenn Sie ein solches Gespräch mit sich selbst führen, kommen dabei Ihre Vorstellungen und Überzeugungen über unterschiedliche Dinge ins Spiel. Es handelt sich jeweils um die Bs aus dem ABC-Modell: Ihre Gedanken, Vermutungen, Werte und Normen, Ihre Auffassungen, Lektionen aus der Vergangenheit, Ihr kindliches Bewusstsein.

6.2 Rationale und irrationale Gedanken

Es gibt zwei Arten von Bs (Überzeugungen / Glaubenssätze / Gedanken): rationale und irrationale.

Rationale Überzeugungen sind Gedanken, die produktive Gefühle und produktives Verhalten nach sich ziehen. Sie wirken sich vorteilhaft auf unsere Leistungsfähigkeit aus und halten der Realität stand.

Beispiele für rationale, erwachsene Gedanken sind laut Ingeborg Bosch (2003):
- Ich habe immer eine Wahl und kann selbst entscheiden.
- Ich kann selbst bestimmen, was ich tue, denke, fühle und was ich will.
- Umstände können die Wahlfreiheit einschränken, aber Umstände können sich auch ändern.
- (Hohe) Dringlichkeit ist selten wirklich angezeigt oder angemessen.

- Meine Bedürfnisse müssen nicht sofort befriedigt werden, wenn ich Wünsche habe, kann ich sie äußern.
- Ich kann meine Grundbedürfnisse selbst befriedigen, mich um mich selbst kümmern.
- Die Welt ist voll von unterschiedlichsten Menschen und vielfältigen Möglichkeiten.
- Es kann sein, dass jemand mich nicht gut findet, aber das ist nur die Meinung einer einzelnen Person.
- Die Zeit ändert alles. Wirklich alles.

Irrationale Gedanken können zu einengenden Emotionen und Verhaltensweisen führen. Sie schränken ein und verhindern effektives Handeln. Irrationale Gedanken basieren auf Idealen, Vermutungen und Fantasien.

Beispiele für irrationale, kindliche Gedanken sind laut Ingeborg Bosch (2003):
- Ich habe keine Wahl, ich bin von anderen abhängig.
- Andere haben Macht über mich, in körperlicher Hinsicht (Tun), in geistiger Hinsicht (Denken) und in Bezug auf Emotionen (Fühlen).
- Andere legen für mich fest, was zu geschehen hat.
- Meine Bedürfnisse müssen sofort befriedigt werden.
- Ich sterbe, wenn ich anderen gleichgültig bin.
- Mein Leben hängt davon ab, was andere von mir halten.
- Immer, wenn ich kritisiert werde, haben andere etwas zu beanstanden und das wird auch immer so bleiben (Denken in Begriffen wie immer, nie, ewig).
- Andere sind größer, mächtiger, besser, schöner.
- Ich mache nie etwas richtig gut.

Auf den nächsten Seiten soll es um fünf Arten von irrationalen Gedanken gehen, die hauptsächlich für die Entwicklung selbstboykottierender Gedanken, Gefühle und nicht-produktiven Verhaltens verantwortlich sind. Die Kunst besteht darin, diese irrationalen (An-)Forderungen als solche zu erkennen und sie in Wünsche und realistische Gedankengänge umzuwandeln.

6.2.1 Perfektionismus

Ein Perfektionist fordert von sich selbst: Er *muss* beste Leistungen bringen und er darf keine Fehler machen. Er muss perfekt funktionieren und unfehlbar sein. Wenn Sie ein richtiger Perfektionist sind, werden Sie wahrscheinlich auch die Gefühle der Angst, Depression und Niedergeschlagenheit erkennen, die sich immer dann einstellen, wenn es einmal nicht so gut läuft. Perfektionisten sind risikoscheu, bei den meisten spielt die Versagensangst eine große Rolle. Oft findet ein innerer Dialog zwischen dem Perfektionisten und dem verletzlichen Kind statt. Viele Perfektionisten haben Angst davor, sich zu blamieren.

Eine Variante, die sich oft bei Menschen zeigt, die eine Führungsposition bekleiden, ist diese: „Wenn meine Mitarbeiter Fehler machen, ist das meine Schuld. Ich bin keine gute Führungskraft, weil meine Mitarbeiter Fehler machen." Diese Auffassung sorgt für Schuldgefühle und untergräbt das Selbstvertrauen. Wenn Mitarbeiter korrigiert werden müssen, entsteht ein ungutes Gefühl, was unter Umständen dazu führt, dass die Korrektur unterbleibt. Schließlich ist es die Schuld der Führungskraft. Wie also will sie dann korrigierend eingreifen?

Der rationale, produktive Gegenspieler dieser irrationalen Forderung ist:
- „Wenn ich etwas mache, fühlt sich das sehr befriedigend an. Es können aber Fehler passieren. Fehler zu machen, ist menschlich. Aus Fehlern kann ich lernen."
- „Wenn ich etwas falsch mache, sagt das nichts über meinen Wert als Person aus."

6.2.2 Liebe und Respekt einfordern: der Liebesjunkie oder der „Rechtmacher"

Hier geht es um die Vorstellung, man müsse immer von allen Menschen geliebt und respektiert werden. „Die Leute, die mir wichtig sind, müssen mich wertschätzen, sonst bin ich ein Nichts." „Du musst gerecht und sorgsam mit mir umgehen und darfst mich nicht frustrieren, sonst bist du schlecht und hartherzig."

Diese Vorstellungen führen oft zu Wut, Ärger oder Frustration. Sie können aber auch Ängste und Unsicherheit auslosen, weil man nie sicher sein kann, ob man es dem anderen auch wirklich recht macht und alles so ist, wie er es am liebsten möchte.

Bei Menschen in Führungsposition kann diese Forderung beispielsweise dazu führen, dass sie Konflikte umschiffen oder schlechte Beurteilungen vermeiden, aus Angst, derart zur Rede gestellte Mitarbeiter könnten dann die Beziehung als beschädigt betrachten und nicht mehr gut arbeiten.

Für einen Liebesjunkie ist es problematisch, wenn er kritisiert wird, wo er doch alles dafür tut, es den anderen recht zu machen. Wird er kritisiert, fühlt er sich nicht gesehen und kann in die Opferrolle gehen, oder er rächt sich und verändert sein Verhalten von „untertänig" zu „aggressiv".

Rationaler und produktiver wären folgende Gedanken:

- „Es ist schön, wenn mich andere Menschen mögen und respektieren. Aber das ist keine absolute Notwendigkeit."
- „Wenn jemand Kritik an mir übt, heißt das noch lange nicht, dass diese Person mich grundsätzlich nicht leiden kann."

6.2.3 Niedrige Frustrationstoleranz

Menschen mit einer niedrigen Frustrationstoleranz scheuen vor vielen Dingen zurück und denken rasch, etwas sei zu schwierig für sie. Wenn sie auf Widerstände stoßen, reagieren sie schnell emotional.

Sie fordern, dass alles (das Leben) doch bitte einfacher sein sollte als es in Wirklichkeit ist.

Entsprechende Äußerungen sind zum Beispiel:

- „Ich halte Kritik nicht aus."
- „Was er gemacht hat, ist unerträglich."
- „Wenn das passiert, überlebe ich das nicht."

Diese Art des Denkens führt dazu, Dinge oft auf die lange Bank zu schieben. Die Betroffenen sind schnell frustriert und unglücklich und häufig folgen Niedergeschlagenheit und Depression.

Auch in diesen Fällen ist ein rationalerer Gedankengang möglich:

- „So etwas Schwieriges wie Kritik zu äußern, ist manchmal belastend, aber es ist durchaus zu ertragen und die Schwierigkeiten sind überwindbar."
- „Wenn ich kritisiert werde, kann ich die Informationen auch positiv für mich nutzen."
- „Das letzte Beurteilungsgespräch an meinem Arbeitsplatz habe ich doch auch überlebt."

6.2.4 Forderungen an andere und an die Welt an sich – Gerechtigkeit

Andere Menschen sollten sich doch bitte anders verhalten als sie es gemeinhin tun und auch die Welt sollte anders sein als sie es ist. – So lautet in dieser Kategorie die Forderung. Andere Menschen sollten sich demnach meinen Werten, Normen und

Auffassungen entsprechend verhalten und auch die Welt sollte anders, besser und gerechter sein.

„Ich habe mich sehr engagiert, er hat nicht das Recht, mich zu kritisieren." „Mein Vorgesetzter macht so viele Fehler. Das kann doch nicht sein."

Wer solche Ansprüche hat, tut sich schwer damit, die Realität zu akzeptieren und erlebt oft Frustration, Wut und Groll.

Rationale, zum Gegensteuern geeignete Gedankengänge sind zum Beispiel:

- „Die Leute tun, was sie tun auf ihre Art und nicht so, wie ich es mir vorstelle."
- „Die Welt ist nun einmal nicht gerecht. Es ist besser, das zu akzeptieren."
- „Wenn ich etwas ändern kann, werde ich dafür etwas tun. Wenn ich es nicht ändern kann, kann ich es wenigstens auf andere Art und Weise sehen oder ich kann es akzeptieren, wie es ist."

6.2.5 Katastrophendenken

Der letzte irrationale Gedankengang, um den es hier gehen soll, ist das Katastrophendenken. Beim Äußern bzw. Annehmen von Kritik tritt das Katastrophendenken meist in Kombination mit einem der anderen irrationalen Gedankengänge auf. Katastrophendenker entwickeln schreckliche Szenarien darüber, was alles passieren könnte.

Beispiele für Katastrophendenken sind: Ein Projekt muss scheitern, weil ein Fehler gemacht wurde. Oder: „Wenn ich kritisiert werde, bedeutet das bestimmt, dass man mir kündigen will." Oder: „Wenn ich selbst Kritik äußere, kommt es zum Konflikt mit dem Kritisierten und schließlich zu einer lang anhaltenden Auseinandersetzung."

Im Katastrophendenken wird viel Angst heraufbeschworen, was die Betroffenen stark einschränkt. Sollten Sie zu den Katastrophendenkern gehören, halten Sie sich am besten strikt an die Fakten, an das, was Sie sicher wissen. Hören Sie damit auf, herumzufantasieren, Sie sind kein Hellseher. Und wie wäre es, für eine Fantasie mal einen positiven Ausgang zu ersinnen? Wer sich Negatives ausmalen kann, kann auch Positives fantasieren.

6.3 Gedanken und Emotionen

Die am häufigsten auftretenden emotionalen Reaktionen, die (ungewollt) unser Verhalten beeinflussen, sind: Angst, Ärger und Zorn, Schuldgefühle sowie Kummer und Trauer. Jeder dieser Emotionen liegen bestimmte Gedanken und / oder Auffassungen zugrunde.

ÜBUNG

Stellen Sie sich folgende Situation vor:

Ihr unmittelbarer Vorgesetzter fordert Sie auf, sofort in sein Büro zu kommen. Sein Urteil über ein Projekt, das durch Ihre Mitschuld gescheitert ist, ist vernichtend. Er erklärt genau, wo es hakt und welche Fehler gemacht wurden. Sie wissen selbst, dass Sie sich hiermit keine Lorbeeren verdient haben. Was also fühlen Sie und was geht in Ihnen vor? Welche Gedanken gehen Ihnen durch den Kopf?

6.3.1 Angst

Angst hat etwas mit absehbarer Gefahr und Bedrohung zu tun. Zu den Gedanken, die Gefühle der Angst verursachen können, gehören:

- „Na, siehst du, er mag dich nicht, er wird dich ablehnen."
- „Wenn diese Veränderung kommt, werde ich bestimmt meinen Arbeitsplatz verlieren."
- „Ich werde mich sicher blamieren."

Wenn Sie Angst haben, versuchen Sie vielleicht, bestimmten Dingen auszuweichen, was nicht sehr effektiv ist. Eine hilfreiche Form der Angst ist Sorge. Haben Sie beispielsweise Angst, sich zu blamieren, bereiten Sie sich deshalb vielleicht besonders sorgfältig und gründlich vor, fühlen sich so sicher und haben schließlich Erfolg. Die extremste Form der Angst ist die Panik, die Sie an Körperreaktionen erkennen können. Sie fühlen sich gehetzt, Ihr Herz schlägt schneller. Mit Unheilfantasien lässt sich Panik noch weiter schüren. In vielen Situationen hilft es, ruhig zu atmen und sich einzugestehen, dass man in Panik ist. Fragen Sie sich, was in der entsprechenden Situation so bedrohlich und schrecklich ist, dass Sie in Panik geraten sind.

6.3.2 Ärger und Zorn

Ärger und Zorn entstehen, weil andere Menschen (oder die Welt an sich) sich nicht so verhalten wie Sie es gerne hätten. Das ist ungerecht oder es verstößt gegen Ihre Normen, Werte und Ansprüche.

Diesen Emotionen liegen folgende Gedanken zugrunde:
- „Woher nimmt er sich bloß das Recht, so mit mir zu reden?"
- „Eine Führungskraft hat doch wohl die Mitarbeiter zu beschützen und nicht anzugreifen."
- „Er schaut doch immer nur auf die schlechten Seiten und nicht auf die guten."

Auch Ärger und Zorn kennen eine nützliche, hilfreiche Variante, nämlich die Irritation. Wenn Sie aufgrund des Verhaltens Ihres Gegenübers irritiert sind, ist Ihre Emotion noch nicht so ausgeprägt und kommt nicht so geballt bei Ihrem Gegenüber an. Wenn Sie aber wegen irgendetwas wutentbrannt sind, haben Sie sich selbst stark aufgeladen, Ihr Erregungsniveau ist hoch und Ihr Gegenüber wird vor allem erschrocken und vielleicht sprachlos reagieren, oder ähnlich zornig wie Sie.

6.3.3 Schuldgefühle

Schuldgefühle entstehen, wenn Sie selbst Ihren persönlichen idealistischen und perfektionistischen Werten und Normen nicht standhalten. Dann denken Sie vielleicht: „Er hat völlig recht. Da sieht man's, ich habe versagt." Oder: „Ich habe meine Arbeit nicht gut gemacht, hätte ich doch nur …"

Auch bei Schuldgefühlen gibt es eine hilfreiche Variante: Das sind nämlich solche Schuldgefühle, die aufgrund eines von Ihnen selbst verursachten Fehlers entstanden sind. Sie können eine Motivation sein, den Fehler zu beheben, Ihr Bedauern auszusprechen oder sich zu entschuldigen. Schuldgefühle können aber auch sehr kontraproduktiv sein, etwa dann, wenn Sie sich viele Vorwürfe machen, sich selbst in Grund und Boden verdammen, sich abwerten und gar nicht mehr dazu kommen, den Fehler auszugleichen. Schuldgefühle können Momente der Scham auslösen, weil Sie etwas getan haben, was Sie an sich ablehnen.

6.3.4 Kummer und Trauer

Bei Verlusten, ob von anderen Menschen oder auch von Dingen, entstehen Kummer und Trauer. Die Funktion der Trauer ist, den Verlust zu verarbeiten, zum Beispiel den Verlust Ihrer Arbeitsstelle. Trauerbewältigung braucht immer Zeit, wenn Sie aber einen neuen Job finden, lässt die Trauer automatisch nach.

Eine mildere Form der Trauer ist die Enttäuschung. Sie kann sich breitmachen, wenn Sie zum Beispiel viel von einem neuen Kollegen erwartet haben, sich nach einer gewissen Zeit aber herausstellt, dass der Kollege Ihre Erwartungen nicht erfüllt. Es ist meistens leichter, eine Enttäuschung zu kommunizieren, als Kummer und Trauer offen zu zeigen.

Die nicht-effektive Form der Trauer zeigt sich in Trübsinn oder Depression. Die eigene Person erlebt man als wertlos und machtlos, man hält sich selbst für unfähig, eine Situation zu verändern. Ein Gefühl von Aussichtslosigkeit geht oft damit einher.

Gedanken, die dabei eine Rolle spielen, sind zum Beispiel:
- „Ich kann es nicht."
- „Es ist hoffnungs- und aussichtslos."
- „Ich tauge zu nichts."

Vermutlich erkennen Sie in diesen Sätzen die Opferhaltung. Fragen wie: „Was brauchst du, um die Sache hinzukriegen?" oder: „Woher wollen Sie wissen, dass die Situation sich nicht ändern wird?" wären hier angebracht.

Wir haben uns nun angesehen, welche Gedanken den verschiedenen Emotionen zugrunde liegen. Um mit Ihren eigenen Gefühlen besser umgehen zu können, sollten Sie sich zuerst bewusst machen, welche Gedanken ihnen zugrunde liegen und diese Gedanken innerlich annehmen. Welche Emotionen spüren Sie bei sich? Welche Varianten der Emotionen kennen Sie? Welche nutzen Sie?

Wenn Sie Ihre eigenen Emotionen kennen und akzeptieren, wird es Ihnen leichter fallen, auch mit den Emotionen anderer umzugehen, zum Beispiel, wenn Sie Feedback gegeben haben und daraufhin mit den Gefühlen eines anderen Menschen konfrontiert werden. Sie werden weniger erschrocken sein, sich weniger unbehaglich fühlen und Sie werden es zulassen können, wenn Ihr Gegenüber sich ausweinen oder austoben muss.

ÜBUNG

Welche Emotionen kennen Sie von sich?

Angst, Sorge, Panik. Wie reden Sie mit sich selbst, wenn Sie Angst empfinden? Wie lassen Sie durch Ihre Gedanken diese Gefühle entstehen? Wie erleben Sie es, wenn Sie diese Gefühle haben? Wie reagieren Sie darauf? Teilen Sie sich mit oder lassen Sie sich anderen gegenüber nichts anmerken?

Ärger, Irritation, Zorn. Wie reden Sie mit sich selbst, wenn Sie verärgert sind? Wie lassen Sie mithilfe Ihrer Gedanken diese Gefühle entstehen? Wie erleben Sie es, wenn Sie diese Gefühle haben? Wie reagieren Sie darauf? Teilen Sie sich mit oder lassen Sie sich anderen gegenüber nichts anmerken?

Schuld, Reue, Scham. Wie reden Sie mit sich selbst, wenn Sie Schuld, Scham oder Reue empfinden? Wie lassen Sie mithilfe Ihrer Gedanken diese Gefühle entstehen? Wie erleben Sie es, wenn Sie diese Gefühle haben? Wie reagieren Sie darauf? Teilen Sie sich mit oder lassen Sie sich anderen gegenüber nichts anmerken?

Kummer, Enttäuschung, Trübsinn oder Depression. Wie reden Sie mit sich selbst, wenn Sie Kummer, Enttäuschung oder Trübsinn bei sich spüren? Wie lassen Sie mithilfe Ihrer Gedanken diese Gefühle entstehen? Wie erleben Sie es, wenn Sie diese Gefühle haben? Wie reagieren Sie darauf? Teilen Sie sich mit oder lassen Sie sich anderen gegenüber nichts anmerken?

Unterziehen Sie Ihre Gedanken einer kritischen und ehrlichen Überprüfung. Die beiden folgenden Fragen können Ihnen hier auf die Sprünge helfen: Sind Ihre Gedanken rational und produktiv? Oder sind sie irrational und kontraproduktiv?

Oder anders gefragt: Helfen Ihnen Ihre Gedanken weiter, in dem was Sie tun und wollen, in dem, was Sie anstreben? Stimmen die Gedanken mit der Wirklichkeit überein? Basieren sie auf Tatsachen? Was könnten Sie stattdessen im inneren Dialog besser zu sich selbst sagen? Welche Gedanken halten der Realität stand und tragen bei Ihnen zu mehr Gemütsruhe bei?

Ingrid arbeitet im Büro eines Transportunternehmens. Sie ist motiviert und erledigt alle Verwaltungsangelegenheiten, wobei ihr in der Buchhaltung regelmäßig Fehler unterlaufen. Klaus, ihr Vorgesetzter, sieht sich die Dinge eine Weile an und beschließt dann, Ingrid zu sich zu rufen, um mit ihr darüber zu sprechen. Soweit es ihm möglich ist, versucht er, eine Wohlfühlatmosphäre herzustellen (er bietet Tee an, macht einen Scherz, schaut sie direkt an) und beginnt dann: „Ingrid, ich habe Sie zu mir gebeten, weil ich mit Ihnen über Ihre Arbeit sprechen möchte. Ich sehe, dass Sie sehr engagiert sind und hart arbeiten, aber ich habe auch bemerkt, dass die immer gleichen Fehler in Ihrer Arbeit auftauchen. So musste ich nun schon zum dritten Mal Ihren Quartalsbericht ausbessern. Ich würde gern mit Ihnen besprechen, was wir tun können, damit das in Zukunft besser wird."

> Ingrid bricht in Tränen aus. Sie ist ängstlich und verärgert zugleich. Zunächst sagt sie nichts, aber dann bricht es aus ihr heraus: „Sie haben auch immer etwas zu kritisieren. Das macht mich so nervös, dass ich dann Fehler mache. Ich habe von Ihnen noch nie zu hören bekommen, dass ich etwas gut mache. Ich brauche Unterstützung und keine Kritik. Ich komme immer pünktlich, bin nie krank, aber das sehen Sie nicht. Sie sehen nur meine Fehler."

Es ist gar nicht Klaus' Kritik (A), die Ingrid aus der Fassung bringt. Es sind vielmehr ihre eigenen Gedanken, die Gefühle von Angst und Ärger (C) hervorrufen. Welchen inneren Dialog könnte Ingrid geführt haben? (Was ist ihr B?)

„Ich strenge mich an, aber ich lerne es doch nie. Ich bin nichts wert. Vielleicht verliere ich meinen Job und in meinem Alter finde ich keinen neuen mehr. Wie schrecklich, dass ich mich mit Kritik auseinandersetzen muss, denn das bedeutet doch, dass Klaus mich nicht leiden kann und es ist furchtbar, wenn der eigene Chef einen nicht mag." Diese Gedanken lassen ihre Angst und Trübsinnigkeit aufleben.

„Es ist nicht fair, dass Klaus mich auf meine Fehler hinweist, ich tue was ich kann. Ich arbeite hart. Das muss anerkannt werden, sonst ist Arbeiten für mich nicht schön."

Diese irrationalen Gedanken verursachen Ingrids Gefühle der Verärgerung.

Ingrid kann sich nun folgende Fragen stellen:
- „Helfen mir diese Gedanken in Bezug auf meine Arbeit weiter?"
- „Wird meine Arbeit davon besser?"
- „Oder mache ich gar Fehler, weil ich mich selbst unter Druck setze, indem ich so denke?"
- „Bleibe ich ruhig, damit ich mir die Kritik meines Chefs anhören und vielleicht etwas daraus lernen kann?"

Und sie kann sich fragen, ob die Dinge, die sie innerlich zu sich sagt, stimmen:
- „Lerne ich es nie? Wer sagt das? Habe ich irgendwelche Beweise dafür?"
- „Wie schlimm ist es, wenn ich Fehler mache?"
- „Ist Fehler zu machen gleichbedeutend mit Wertlos-Sein?"
- „Weiß ich sicher, dass ich meinen Job verlieren werde?"
- „Wie groß ist die Gefahr, meinen Job zu verlieren?"
- „Weiß ich denn sicher, dass ich keinen neuen Job mehr finden werde?"
- „Von wem darf ich nicht kritisiert werden? Wer sagt denn, dass das nicht sein darf?"
- „Wer sagt denn, dass alles gerecht sein muss?"
- „Warum kann ich nicht mit Menschen arbeiten, die mich (vielleicht) nicht mögen?"
- „Ist arbeiten immer schön?"

Welche Art innerer Dialog wäre besser geeignet, um Ingrid gelassener und offener in der Feedbacksituation reagieren zu lassen?

Denken Sie zuerst über diese Frage nach, bevor Sie die Antwort lesen.

Diese Gedanken wären für Ingrid günstiger:

„Es ist nicht schön, mit Kritik konfrontiert zu werden, es ist nicht toll, wenn man Fehler macht, aber ich bin ein Mensch. Ich kann von mir nicht verlangen, dass ich nie Fehler mache. Ein Fehler bedeutet nicht automatisch die Kündigung und sagt auch nichts über meinen Wert als Person aus, ich bleibe dieselbe Ingrid. Natürlich ist es eine prima Sache, dass ich mich im Job anstrenge, es bedeutet aber nicht, dass mich niemand kritisieren darf."

Das RET-Modell ist im Prinzip einfach, aber der Schein trügt hier ein wenig. Was zunächst so einfach erscheint, erweist sich in der Praxis oft als recht schwierig. Die eigenen Denkgewohnheiten zu verändern ist eben nicht so leicht. Unsere Vorstellungen, Vermutungen und Überzeugungen begleiten uns nämlich schon recht lange, sind meistens früh in unserem Leben entstanden. In solchen lange vorhandenen Denkmustern das Irrationale aufzuspüren und zu verändern kostet einiges an Energie, Einsatzbereitschaft und Überzeugungskraft. Schnelle, einfache Lösungen gibt es nicht, obwohl die Einfachheit des Modells vielleicht diesen Eindruck erwecken mag. Es geht jedoch um die Veränderung fundamentaler Auffassungen und sich selbst andere Überzeugungen und Denkweisen anzueignen, ist kein Selbstläufer.

Aber: Sie haben Ihr Denken selbst in der Hand. Wenn Ihnen Ihre Gedanken und Vorstellungen unnötig viele Schwierigkeiten bescheren, können Sie sie ändern.

Es soll hier nicht der Eindruck entstehen, Sie sollten möglichst keine Emotionen haben. Das Gegenteil ist der Fall. Es ist normal, angespannt zu sein, wenn man mit Kritik auf die eigene Arbeitsweise rechnen muss, oder verärgert zu sein, wenn man sich ungerecht behandelt fühlt. Es ist auch normal, sich unbehaglich zu fühlen, wenn man andere mit Kritik konfrontieren muss. Die Spannung und das unbehagliche Gefühl helfen Ihnen, sich der Frage anzunähern, was tatsächlich mit Ihnen los ist. Nutzen Sie diese Gefühle zur Selbstreflexion. Wovor habe ich Angst? Weshalb verliere ich gerade bei diesem Thema die Nerven? Was sagt das über mich aus?

Es geht darum, dass Ihre Emotionen nicht überschäumen und so verhindern, dass Sie adäquat reagieren können, sondern sich nur noch gestresst fühlen. Es darf nicht so weit gehen, dass Sie Dinge immer länger hinauszögern und sich am Ende nicht mehr trauen, Kritik zu äußern. In der RET geht es darum, die überzogenen und eher schädlichen Seiten unserer Emotionen einzudämmen.

Im nächsten Kapitel werde ich mich noch intensiver mit Emotionen und unserem Umgang mit ihnen beschäftigen und ich werde zeigen, was Feedback mit persönlichem Wachstum zu tun hat.

7. | Feedback und persönliche Entwicklung

„Die Menschen, auf die wir wütend sind, die wir hassen, verurteilen oder auf die wir stark negativ reagieren, sind Repräsentanten unserer unterdrückten Selbste. Und auf der anderen Seite gilt dies ebenso für Menschen, die wir zu sehr bewundern."
(Hal und Sidra Stone)[3]

In Kapitel 5 haben wir uns damit beschäftigt, wie sich die verschiedenen Persönlichkeitsanteile in der Kindheit entwickeln. Der Regelbewacher, der Antreiber, der Perfektionist, der Rechtmacher und der innere Kritiker wurden als innere Anteile vorgestellt. Sie alle hatten zum Ziel, das verletzliche Kind zu schützen, haben aber auch bewirkt, dass wir uns von unserem eigentlichen, wahren Wesen entfernten. Aufgrund unserer Erziehung heißen wir bestimmte Eigenschaften und Verhaltensweisen gut und andere, entgegengesetzte Verhaltensweisen lehnen wir ab. Letztere sind unsere verdrängten Anteile.

In diesem Kapitel möchte ich Ihnen darlegen, wie Sie durch die Kritik, die Ihnen entgegengebracht wird, beziehungsweise durch die Kritik, die Sie an anderen üben, sich selbst besser kennenlernen und weiterentwickeln können.

7.1 Verdrängte Persönlichkeitsanteile aufspüren

Um Ihr Haupt-Selbst zu entdecken, suchen Sie zunächst nach Ihren verdrängten Anteilen. Es gibt eine einfache, direkte Methode, diese Teilpersönlichkeiten (innere Stimmen, innere Anteile) zu entdecken, denn die Menschen, die wir kritisieren und nicht leiden können, repräsentieren unsere verdrängten Anteile.

Denken Sie einmal an jemanden aus Ihrem Umfeld, den Sie wirklich nicht ausstehen können, an einen Menschen, den Sie aus tiefstem Herzen ablehnen, an jemanden, bei dem sich bei Ihnen die Nackenhaare aufstellen. Wenn Sie der Meinung sind, diese Person habe verachtenswerte Charakterzüge, versuchen Sie so detailliert wie möglich zu beschreiben, was Sie so abstoßend finden und verurteilen. Haben Sie einen solchen Charakterzug beschrieben, haben Sie zugleich einen verdrängten Anteil Ihrer Persön-

---

3   Hal & Sidra Stone (1997): Abenteuer Liebe. München: Kösel, S. 30

lichkeit gefunden, ein Energiemuster, das Sie auf keinen Fall in Ihr Leben integrieren möchten. Sie haben keine Ähnlichkeiten mit der verachteten Person und Sie halten sich für besser als sie. Das ist der Ausdruck Ihres Haupt-Selbsts, des direkten Gegenteils Ihrer verdrängten Anteile. Wahrscheinlich werden Sie zornig, wenn Sie nur an den verhassten Menschen denken und wenn Sie anderen erklären, was Sie von dieser Person halten, wird bei Ihnen vermutlich viel Energie freigesetzt.

> Bert kann autoritäre Menschen nicht gut ertragen. Wenn jemand ihn unter Druck setzt, mobilisiert dies sofort all seinen Widerstand. In der Pubertät lehnte Bert sich gegen seinen Vater auf. Er wollte auf keinen Fall so werden wie er. Viele Jahre später, als ihm eine Führungsposition übertragen wurde, sah er sich mit einem Problem konfrontiert: Er hatte Schwierigkeiten, seine Mitarbeiter klar und deutlich zu führen und wagte es kaum, bestimmend aufzutreten, obwohl das von ihm erwartet wurde. Er musste erst lernen, seine eigene Autorität zu entdecken und sie auch einzusetzen. Erst so konnte er seine Funktion effektiver ausüben.

Die zweite Methode, verdrängte Anteile aufzuspüren, besteht darin, sich jemanden, den Sie sehr bewundern, genau anzusehen. Auch Menschen, die Sie bewundern und auf einen Sockel stellen, die bei Ihnen Minderwertigkeitskomplexe verursachen, sind Repräsentanten verdrängter Anteile. Denken Sie an jemanden, den Sie im wahrsten Sinne des Wortes über-schätzen. Das ist jemand, den Sie mehr als bewundern. Wenn Sie sich mit ihm oder ihr vergleichen, hinterlässt das ein schlechtes Gefühl bei Ihnen. Können Sie so jemanden ausmachen, haben Sie einen weiteren verdrängten Anteil entdeckt, eine verdrängte Teilpersönlichkeit.

> Früher hegte Mia eine große Bewunderung für einen ihrer Freunde, der fantastisch erzählen und, wie sich herausstellen sollte, auch großartig schreiben konnte. Der Freund wurde ein bekannter Schriftsteller. Sie sah zu ihm auf und war überzeugt, sie selbst könne nicht schreiben, weil sie ja schon nicht so toll erzählen konnte wie er. Zwar schrieb sie regelmäßig, führte Tagebuch und verfasste Gedichte, aber ihre Schulaufsätze waren meist nicht so herausragend gewesen, sodass sie alles, was sie später schrieb, für sich behielt. Voller Angst, sich zu blamieren, versteckte sie die Schriftstellerin ins sich. Durch die Freundschaft mit dem bekannten Schriftsteller fühlte sie sich geschmeichelt; sie besuchte seine Lesungen und kaufte seine Bücher. Aber sie wollte selbst auch sehr gern Schriftstellerin werden und als ihr erstes Buch auf den Markt kam, war sie stolz wie Oscar.

> Diana fühlte sich früher immer schrecklich, wenn sie sich mit schönen und sexy Frauen verglich. Diese Frauen zeigten ihre weibliche Attraktivität, hatten keine Mühe mit Smalltalk und flirteten ganz offen. Ihr verdrängter Anteil, die sinnliche Frau, wurde bereits in der Pubertät unter den Teppich gekehrt, sie durfte sich weder auffallend kleiden noch auffallend benehmen. Ihre Erziehung war sehr prüde und die Folgen spürt sie manchmal noch heute, trotz der Tatsache, dass die sinnliche Frau heute sehr wohl eine Rolle in ihrem Leben spielt.

Verdrängte Persönlichkeitsanteile müssen auf die eine oder andere Weise ihren Platz bekommen, denn sie sind die jeweils entgegengesetzten Energien unserer Qualitäten und Charaktereigenschaften. Wenn wir sie einmal bei anderen Menschen nicht mehr ablehnen beziehungsweise übermäßig bewundern, können wir lernen, sie bei uns zu integrieren und einzuordnen.

Wenn Sie großzügig sind und Ihr Partner behauptet, Sie würden das Geld zum Fenster hinauswerfen und, wenn umgekehrt, Sie der Meinung sind, Ihr Partner sitze auf seinem Geld, haben Sie die Möglichkeit, jeweils vom anderen zu lernen. Sie können von Ihrem Partner lernen, zu sparen und Ihr Partner kann von Ihnen lernen, sich öfter etwas zu gönnen und dafür Geld auszugeben. Sind Sie in der Beziehung eher von Ihrem Partner abhängig und Ihr Partner nimmt die Position eines unabhängigen Menschen ein, können Sie von Ihrem Partner mehr Selbstständigkeit lernen und Ihr Partner kann von Ihnen lernen, sich öfter einmal auf Ihre Vorhaben einzulassen.

Oft sind wir in Muster verstrickt und stecken viel Energie in den Versuch, unseren Partner oder unsere Kinder zu ändern. Dabei wäre es vielversprechender, sich anzusehen, was wir voneinander lernen können. Die Qualitäten anderer zu kennen und anzuerkennen, fördert unsere Entwicklung. Ständiges Kritisieren und Zurückweisen der Qualitäten anderer trennt uns von unseren Wachstumsmöglichkeiten.

Es geht darum, beide Seiten der Medaille kennenzulernen, damit wir wählen können, welches Verhalten wir einsetzen wollen. Im Gleichgewicht mit uns selbst stehen wir dann fest mit beiden Beinen auf dem Boden.

Bei der Partnerwahl entscheiden wir uns häufig für jemanden, der einige unserer verdrängten Anteile repräsentiert. Auch in Arbeitssituationen begegnen uns Menschen, die unsere verdrängten Anteile in sich tragen. Dessen sollten wir uns bewusst werden, denn tun wir es nicht, werden wir immer wieder damit konfrontiert und handeln entsprechend ineffektiv.

Eine weitere Methode, mit verdrängten Anteilen zu arbeiten, ist das Modell der Kernqualitäten von Daniel Ofman. Das Modell lässt sich auch gut einsetzen, wenn wir Mitarbeitern oder Kollegen Feedback geben wollen.

7.2 Das Kernqualitäten-Modell von Ofman

Selbsterkenntnis ist eine wichtige Voraussetzung, um gut funktionieren zu können. Für seine Motivation und Inspiration ist jeder selbst verantwortlich. Und je besser wir uns selbst kennen, desto besser sind wir auch in der Lage, andere zu verstehen.

Selbsterkenntnis beinhaltet unter anderem, dass wir unsere Stärken kennen und wissen, welche besonderen Fähigkeiten wir haben. Neben dem Wissen um unsere

Qualitäten sollten wir aber auch die Fallen kennen, in die wir gerne tappen. Sowohl Qualitäten als auch Fallen spielen eine wichtige Rolle bei unseren Aktivitäten und in der Kommunikation mit anderen Menschen. Diese sehen und beurteilen uns im Licht unserer Fähigkeiten und unserer Stolperfallen.

Qualitäten sind positive Eigenschaften, die eindeutig zu uns gehören – und das bereits seit Langem. Sie sind Ihr Potenzial, Ihre persönlichen Möglichkeiten. Jeder Mensch verfügt über eine Vielzahl an Qualitäten; jeder kann geduldig, kreativ, zuverlässig oder wachsam sein. Aber zu manchen Menschen gehören bestimmte Eigenschaften deutlicher als zu anderen Menschen. In diesem Fall sprechen wir von Kernqualitäten.

Ofman (2006) beschreibt die Kernqualitäten als Eigenschaften, die spezifisch zu einer Person gehören und Teil des Wesens (des Kerns) dieser Person sind. Insofern ist eine Kernqualität eine spezifische Kraft eines Menschen, ein einzigartiges Merkmal, das sein Handeln charakterisiert, und zwar unabhängig von äußeren Umständen. Die verschiedenen Kombinationen der Kernqualitäten machen jeden von uns zu einer einzigartigen Person.

Unsere Kernqualitäten sind für uns selbst oft so selbstverständlich, dass wir sie kaum zu würdigen wissen („Ach, das kann doch jeder!" oder „Das ist doch nichts Besonderes!"). Vielen Menschen fällt es auch schwer, sich ohne Wenn und Aber zu ihren Qualitäten zu bekennen. Manche reden – vielleicht aus Bescheidenheit oder weil es sich nicht gehört, sich selbst zu loben – lieber über Dinge, die sie nicht gut können, als über ihre besonderen Fähigkeiten. Hinzu kommt, dass persönliche Qualitäten und Fähigkeiten für jeden Menschen auch ein sensibler Bereich sind. Es ist nicht angenehm, wegen der Aspekte, die unsere Kraft ausmachen, zur Rede gestellt oder abgelehnt zu werden. Dies kann dazu führen, dass man bestimmte Qualitäten von sich selbst vor anderen lieber verborgen hält. Wenn zum Beispiel „Offenheit" bei manchen Menschen in Ihrem Umfeld Widerstand erzeugt, werden Sie diese Qualität möglicherweise weniger oft zeigen und vielleicht sogar völlig verbergen.

Wenn Sie Ihre Kernqualitäten kennen und wissen, wie diese auf andere wirken, können Sie sie bewusst einsetzen (oder weglassen). Im Wissen um Ihre Kernqualitäten können Sie sich auch leichter bestimmte andere Fähigkeiten aneignen. So hilft Ihnen die Kernqualität „Takt" dabei, sich Verhandlungstechniken anzueignen. Bewusstsein und Selbsterkenntnis tragen dazu bei, zu lernen, mehr auf die eigenen Fähigkeiten in unterschiedlichen Arbeitssituationen zu vertrauen.

7.2.1 Die Entwicklung von Kernqualitäten

Sind Kernqualitäten eher zufällig gegeben – manche Menschen haben sie, andere wiederum nicht? Oder sind sie erlernbar?

Beides gilt mit Einschränkungen, denn ohne vorhandenes Potenzial ist eine Qualität nicht erlernbar. Vorhandenes Potenzial kann aber sehr wohl zu einer Qualität weiterentwickelt werden. In der Entwicklung von Qualitäten sind vier Stadien zu unterscheiden – von nicht entwickelt bis überentwickelt: latent, halb-latent, manifestiert und verformt.

Latente Qualitäten

Von latenten Qualitäten spricht man, wenn sie im Keim bereits vorhanden sind, sich aber noch entwickeln müssen. Der Weg zu ihrer Entwicklung und Entfaltung muss erst noch freigemacht werden. Diese Qualitäten können Sie mithilfe Ihrer Träume und Fantasien bei sich selbst aufspüren. Oder Sie untersuchen die Dynamik Ihrer (Arbeits-)Beziehungen und finden heraus, welche Situationen herausfordernd für Sie sind.

Halblatente Qualitäten

Halblatente Qualitäten setzen Sie selektiv ein, nur in Situationen, die Ihnen vertraut sind. Diese Qualitäten sind zum Teil entwickelt. Wenn Sie sich in einer Situation nicht sicher fühlen, werden Sie eine solche Qualität eher nicht einbringen, auch dann nicht, wenn es wünschenswert wäre. Die Qualität „Empfindsamkeit" ist beispielsweise bei vielen Menschen halblatent vorhanden. Sie wagen nur dann, empfindsam auf etwas zu reagieren, wenn sie nicht Gefahr laufen, zurückgewiesen oder verletzt zu werden. Auch Qualitäten, die wir privat offen zeigen und einbringen, aber in der Arbeit nicht oder kaum sichtbar werden lassen, sind nur halblatent vorhanden. Einschränkende Faktoren, wie zum Beispiel ungleiche Machtverhältnisse, verstärken diese selektive Auswahl.

Manifestierte Qualitäten

Manifestierte Qualitäten sind optimal entwickelt. Wir haben freien Zugang zu ihnen und nutzen sie in Situationen, in denen das notwendig und erwünscht ist. Andere schätzen diese Qualitäten, sie finden anerkennende Worte dafür. In dieser manifestierten Form werden Qualitäten zu Kernqualitäten.

Verformte Qualitäten

Von ihrem Ursprung her sind auch verformte Qualitäten Kernqualitäten. Sie wurden aber überentwickelt und haben deshalb auf unser Umfeld häufig einen weniger positiven Effekt. Eine verformte Qualität ist „über das Ziel hinausgeschossen" oder anders ausgedrückt: Sie ist ein „Zuviel des Guten" geworden. Die Verformung einer Kernqualität ist gleichzeitig eine Falle für uns. So kann sich die Qualität „Fürsorge" zur „Bevormundung" verformen, „Tatkraft" zur „Aufdringlichkeit" und „Flexibilität" zur „Launenhaftigkeit".

Eine wichtige Schlussfolgerung ist: Qualitäten sind keine starren, festen Größen. Indem wir einschränkende Faktoren oder Überzeugungen unter die Lupe nehmen und / oder Herausforderungen annehmen, können wir Qualitäten entwickeln. Auch eine überentwickelte Qualität, die sich zur Falle verformt hat, können wir wieder zu einer manifestierten Qualität werden lassen.

7.3 Das Kernquadrat

Ofman spricht von Kernquadrat, wenn es um Einsicht in die eigenen Kernqualitäten, Fallen, Möglichkeiten der Weiterentwicklung und Konfliktquellen mit dem persönlichen Umfeld geht. Im Folgenden beschäftigen wir uns etwas genauer mit dem Aufbau eines Kernquadrats.

7.3.1 Kernqualitäten und ihre Schattenseite, die Fallstricke

Wenn eine Kernqualität stark überzogen ist und ein „Zuviel des Guten" darstellt, wird das Verhalten des betreffenden Menschen ineffektiv; seine Kraft wird dann zu seiner Schwäche. Das Zuviel ruft im Umfeld Widerstand hervor, was sich in Form von Vorwürfen und Verurteilungen des Verhaltens äußert. So heißt es zum Beispiel, die betreffende Person sei „distanziert" (s. u.).

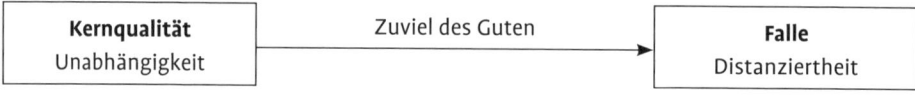

Abbildung 3: Das Kernquadrat nach Ofman, Stufe 1

Kernqualitäten und Fallen gehen Hand in Hand, sie sind untrennbar miteinander verbunden. Stuft man Fallen als Qualitäten ein, die übers Ziel hinausgeschossen sind, verändert dies möglicherweise unsere Wahrnehmung. Wir fixieren uns nicht mehr einseitig auf das Negative, sondern suchen die Qualität, die sich hinter „schwierigem" Verhalten verbirgt. Fallen, in die wir selbst gerne tappen und die Fallen anderer Menschen können wir so ganz anders erleben. Das heißt auch, dass es uns leichter fällt, Feedback anzunehmen und andere mit den „Auswüchsen" ihres Verhaltens zu konfrontieren, weil wir auf die dahinterliegende Qualität abzielen.

7.3.2 Kernqualitäten und ihre Herausforderung

Herausforderungen helfen zu verhindern, dass wir in eine Falle tappen. Sie sind die den Fallen gegenüberstehenden positiven Qualitäten, die als Möglichkeit bereits vorhanden, aber meist noch unterentwickelt sind. Die Falle der Qualität Unabhängigkeit, Distanziertheit, kann leicht zu Irritationen und Widerstand führen. Verbundenheit bzw. Nähe ist das positive Gegenüber der Distanziertheit. Die Herausforderung liegt dann in der Entwicklung der Qualität Verbundenheit, die ein verdrängter Persönlichkeitsanteil sein kann.

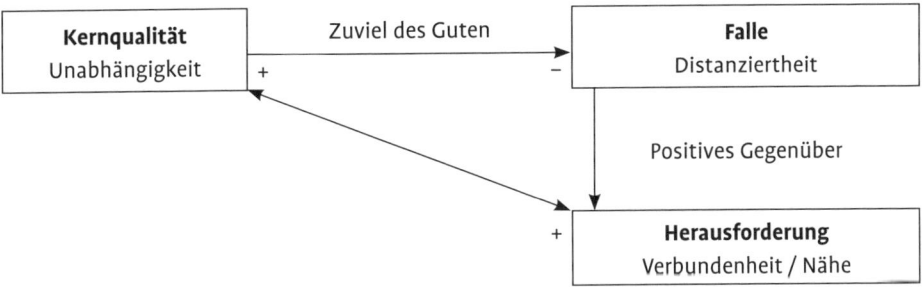

Abbildung 4: Das Kernquadrat nach Ofman, Stufe 2

Eine Kernqualität und die dazugehörige Herausforderung sind einander ergänzende Qualitäten. Die Kernqualität ist Ihre persönliche Kraft; die Herausforderung sorgt dafür, dass Sie nicht übers Ziel hinausschießen und somit in die Falle tappen. Obwohl die Herausforderung als Qualität latent vorhanden ist, fällt es manchen Menschen schwer, sie voll zu entwickeln. Sie betrachten die Herausforderung nämlich als Widerspruch und nicht als Erweiterung ihres Handlungsrepertoires. Ein unabhängiger Mensch möchte sich nun einmal nicht gerne binden und / oder verbindlich sein. Die Kunst besteht dann auch darin, die Kernqualität und die Herausforderung nicht im

Sinne von „entweder/oder" sondern als „sowohl als auch" zu sehen. Es wäre gut, ein Gleichgewicht zwischen diesen beiden Qualitäten zu finden anstatt eine überentwickelte und eine unterentwickelte Qualität zu haben. Wenn Ihnen das gelingt, können Sie besser auswählen und „hinken" nicht mit einem Bein.

7.3.3 Kernqualitäten und ihre Allergien

Aus Ihrer Kernqualität lässt sich auch ablesen, wo Ihr Konfliktpotenzial mit Ihrer Umgebung liegen könnte. Es gibt vielleicht Menschen, über die Sie sich maßlos ärgern und aufregen. Das Verhalten, das diese Irritation auslöst, bezeichnen wir als Allergie. Es kann sich um einen verdrängten Persönlichkeitsanteil handeln. Ähnlich wie die Falle ist auch die Allergie eine Quelle potenzieller Konflikte. Es gibt auch eine Verbindung zwischen Allergie und Herausforderung. Erstere ist das negative Gegenüber der Kernqualität und das Zuviel der Herausforderung. So wird ein unabhängiger Mensch irritiert sein, wenn er mit Abhängigkeit konfrontiert wird. Abhängigkeit ist nämlich das „Zuviel des Guten" der Herausforderung Verbundenheit.

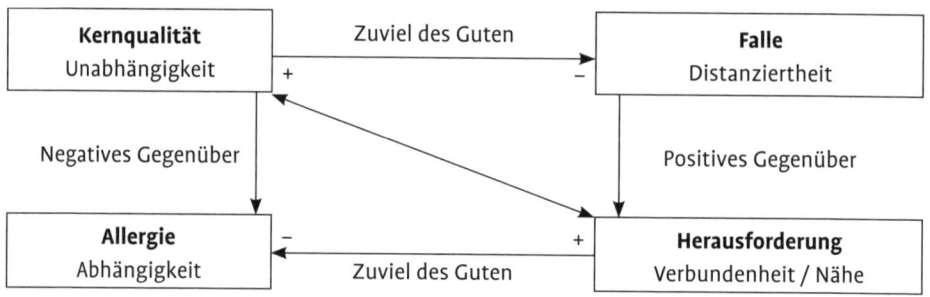

Abbildung 5: Das Kernquadrat nach Ofman, Stufe 3

Je mehr Sie durch einen anderen Menschen mit Ihrer Allergie konfrontiert werden, desto größer ist die Gefahr, dass Sie in die Falle laufen. Wenn Ihre Qualität zum Beispiel Unabhängigkeit ist, laufen Sie Gefahr, sich einem anderen Menschen gegenüber distanziert zu zeigen, wenn dieser abhängiges Verhalten zeigt. Am verletzlichsten sind Sie durch Ihre Allergie, nicht nur durch Ihre Falle. Die Allergie lässt Sie nämlich ganz einfach in Ihre Falle tappen!

Obwohl den meisten Menschen die Konfrontation mit ihrer Allergie unangenehm ist, hat sie durchaus positive Elemente. Die Allergie bringt Sie in Kontakt mit Ihrer Herausforderung und bietet Ihnen somit die Möglichkeit, Ihre ergänzende Qualität aufzuspüren und zu entwickeln.

Daniel Ofman ordnet Kernqualität, Falle, Herausforderung und Allergie in einem Schema an, das er Kernquadrat nennt. Erstellen Sie Ihr eigenes Kernquadrat (oder Ihre Kernquadrate) und lernen Sie mehr über sich selbst, über Entwicklungsmöglichkeiten und Konfliktquellen. Das Kernquadrat veranschaulicht unter anderem, dass wir möglicherweise am meisten von den Menschen lernen können, mit denen umzugehen uns am schwersten fällt: *Das, worauf Sie allergisch bei anderen Menschen reagieren, ist wahrscheinlich ein „Zuviel" der Qualitäten, die Sie bei sich selbst noch entwickeln müssen.*

Ein Kernquadrat ist auch ein wirkungsvolles Hilfsmittel für die Interaktion mit Ihrer Umgebung.

Zusammenfassung

Eine *Kernqualität* ist eine Qualität, die zu Ihrem Wesen (dem Kern) gehört und Ihr Verhalten stark prägt.

Das Zuviel einer Kernqualität führt zur Verformung. Diese Verformung ist Ihre *Falle*, sie führt gern zu Konflikten mit anderen.

Die *Herausforderung* ist jene Qualität, die Sie latent in sich tragen. Sie sollte noch entwickelt werden, damit Ihr Spektrum an Möglichkeiten breiter wird und Verformungen reduziert werden.

Die *Allergie*, das Zuviel der Herausforderung, ist das, was uns am Verhalten eines anderen Menschen irritiert. Die Allergie ist der Konfliktherd; sie lässt uns leicht in unsere Falle tappen.

7.4 Ein Kernquadrat erstellen

Persönliche Effektivität bedeutet, …
- zu entdecken: „Wodurch werde ich so richtig lebendig?"
- herauszufinden, wo genau Ihre Kraft liegt, wo Sie neue Energie finden.
- herauszufinden, was Ihre Kernqualitäten sind: Die Qualitäten, die Ihnen Energie schenken, aus denen Sie Kreativität und Vitalität schöpfen.

Sie können diese Fragen mithilfe des Kernquadrats beantworten, das Sie aus verschiedenen Perspektiven aufbauen können:

Über die Kernqualität: *Wo liegt Ihre spezifische Kraft?* Das ist oft schwierig zu beantworten, vor allem, weil Sie möglicherweise Ihre Kernqualität für selbstverständlich halten und nicht als spezifische Kraft identifizieren.

Über die Falle: *Was werfen andere Ihnen regelmäßig vor?* Das ist im Allgemeinen leichter zu beantworten. Wenn Sie das Zuviel der Falle wegnehmen, entdecken Sie Ihre Kernqualität.

Über die Herausforderung: Welche Qualität bewundern Sie bei anderen? Welche Qualität hätten Sie gern (in stärkerer Ausprägung), um mehr im Gleichgewicht zu sein?

Über die Allergie: Worüber ärgern Sie sich bei anderen am meisten? Diese Frage dürfte am einfachsten zu beantworten sein. Es fällt uns meistens nicht schwer, zu erkennen, was uns bei anderen stört.

> Ellen kann egoistische Menschen nicht ausstehen (Allergie), es fällt ihr schwer, im Egoismus etwas Positives zu sehen. Dennoch ist Egoismus das Zuviel des Guten einer Qualität, die gleichzeitig Ellens Herausforderung ist. Auf die Frage: „Was können egoistische Menschen besonders gut?" antwortet sie: „Für sich selbst sorgen." Das ist genau die Antwort, die zu ihrer Herausforderung gehört. Die untere Hälfte des Kernquadrats ist somit geklärt. Für die obere Hälfte macht sich Ellen auf die Suche nach dem negativen Gegenüber von „für sich selbst sorgen". Die Antwort ist: „Sich selbst / die eigenen Interessen zurückstellen" und diese Antwort ist gleichbedeutend mit Ellens Falle. Zur Vervollständigung des Kernquadrats muss Ellen nun herauszufinden, von welcher Qualität „sich selbst / die eigenen Interessen zurückstellen" ein Zuviel des Guten ist. Fürsorge ist hier die Antwort. Ellen hat vor allem dann Probleme mit egoistischen Menschen, wenn sie selbst zu sehr aus ihrer Falle heraus agiert – für andere da sein, sich kümmern, helfen –, ohne dass sie jemals, so ihre Wahrnehmung, dafür etwas zurückbekommen würde.
>
> Möchte sie ihre Herausforderung, „gut für sich selbst sorgen", entwickeln, müsste Ellen andere Menschen öfter um Hilfe bitten und ihre eigenen Bedürfnisse äußern. Außerdem muss sie sich öfter bewusst dafür entscheiden, sich um jemanden zu kümmern oder dagegen. Fürsorge als Qualität ist bei ihr ein Selbstläufer, weil sie so selbstverständlich ist. Ellen kann nun üben, immer erst in Ruhe darüber nachzudenken, wie sie darauf reagieren möchte, wenn andere Menschen etwas von ihr wollen.

Das Modell des Kernquadrats können Sie auch verwenden, wenn Sie anderen Feedback geben wollen. Füllen Sie dazu das Kernquadrat doppelt aus, einmal für Sie selbst und ein zweites für die Person, der Sie Feedback geben wollen. Das Ergebnis kann zum Beispiel folgendermaßen aussehen:

> Gerhard ist in seinem Umgang mit Kollegen und Mitarbeitern umsichtig und rücksichtsvoll. Das plumpe Verhalten von Leo ärgert ihn. Regelmäßig fühlt sich Gerhard von Leos Art regelrecht vor den Kopf gestoßen. Er möchte ihm deshalb Feedback geben und erstellt im Vorfeld ein Kernquadrat. Als Ausgangspunkt nimmt er seine Allergie bezüglich Leo, nämlich den schrof-

fen Umgangston. Anschließend untersucht er, von welcher Qualität Schroffheit ein Zuviel des Guten ist. Als Antwort findet er: Direktheit. Seine Kernqualität kennt er schon, nämlich Besonnenheit bzw. Rücksichtnahme. Es folgt Gerhards Falle und diese ist die Vorsichtigkeit.

Als Nächstes füllt Gerhard das Kernquadrat für Leo aus. Leos Falle ist die Schroffheit, seine Kernqualität ist Direktheit, die Herausforderung ist rücksichtsvolles Verhalten und seine Allergie ist – Gerhard zufolge – die Vorsicht und die Scheu, zu sagen, was wirklich ist.

Ich

	Kernqualität *Rücksichtnahme*	Falle *Vorsichtigkeit*
Kernqualität *Direktheit*	Falle / Allergie *Schroffheit*	Herausforderung *Direktheit*
Allergie *Vorsichtigkeit*	Herausforderung *Rücksichtnahme*	

Die andere Person

Abbildung 6: Das doppelt ausgefüllte Kernquadrat

Bei einem Feedbackgespräch könnte Gerhard Leo sagen: „Ich schätze Ihre Direktheit und ich würde es begrüßen, wenn Sie die Qualität / die Kompetenz Rücksicht entwickeln würden.“

Dieses Beispiel zeigt: Gerhard sollte in der Kommunikation mit anderen direkter werden und Leo sollte mehr Rücksicht entwickeln. Gerhard kann von Leo lernen, direkter zu werden und umgekehrt kann Leo von Gerhard lernen, Rücksicht zu nehmen. Der barsche Grobian ist in diesem Beispiel Gerhards verdrängter Anteil.

ÜBUNG

Erstellen Sie für sich ein Kernquadrat und im nächsten Schritt ein doppeltes Kernquadrat. Geben Sie dann jemandem Feedback, indem Sie das doppelte Quadrat als Grundlage nutzen.

7.5 Den inneren Kritiker transformieren

Im letzten Teil dieses Kapitels über Feedback und persönliche Entwicklung wollen wir uns mit dem inneren Kritiker beschäftigen. Dieser attackiert uns meist noch mehr als manche Feedbackgeber das tun und hindert uns daran, selbst Feedback zu geben oder mit anderen Verhaltensweisen zu experimentieren. Der innere Kritiker kann sich aktivieren, wenn wir: in stressigen Situationen Feedback bekommen, uns in unbekannten Situationen befinden, im Mittelpunkt der Aufmerksamkeit stehen, Rückschläge erleiden oder wenn einer unserer verdrängten Anteile sich Bahn bricht, wir also andere Verhaltensweisen als sonst zeigen. Bei Frauen hat der innere Kritiker ein weiteres Feld für seine kritischen Bemerkungen: das äußere Erscheinungsbild. Denken Sie nur einmal an die vielen Schönheitsideale, die festschreiben, wie Frauen aussehen sollten. Vermutlich kennen wir alle Bemerkungen über unseren Körper oder unsere Ernährungsgewohnheiten.

Somit gibt es allerlei Situationen, in denen wir verletzlich oder besorgt sind. Der Kritiker äußert seine Angst oder seine Sorgen nicht, seine Taktik ist, uns herabzuwürdigen. Wenn es um einen neuen Job geht, schürt er Zweifel: „Das schaffst du doch nie, die zerreißen dich." Wenn es um Kritik an unserer Person geht, weiß er sehr genau, wo das Problem liegt, und wenn wir im Mittelpunkt der Aufmerksamkeit stehen und uns den kritischen Bewertungen anderer ausgesetzt sehen, hat der innere Kritiker seinen Teil dazu beigetragen. Er hat dann Angst davor, dass wir kritisiert werden könnten, wie früher in der Schule und ein „Befriedigend" reicht dem inneren Kritiker nicht aus.

Sie können Ihren inneren Kritiker kennenlernen, wenn Sie genau hinhören, was er alles zu sagen hat. Schreiben Sie auf, welche Botschaften er Ihnen im Lauf einer Woche sendet. Denken Sie darüber nach, ob Sie noch zuordnen können, wer Ihnen solche Botschaften in der Vergangenheit übermittelt hat. Ihre Mutter? Ihr Vater? Oder Ihre Geschwister, Lehrer, Freunde und Freundinnen?

> Früher dachte ich immer, ich sei nicht gut genug für ein Hochschulstudium. Meine Schulnoten waren nicht gerade herausragend und eine junge Frau brauchte nicht zu studieren, sie würde ja doch heiraten, Kinder bekommen und sich um die Familie kümmern. Diese Botschaft erhielt ich von meinen Eltern und es war in der damaligen Zeit auch nicht selbstverständlich, dass Mädchen studierten. Das war die herrschende Meinung in der Gesellschaft. Ich absolvierte nach der Mittelschule eine Sekretärinnenausbildung und ging schließlich drei Jahre später doch an die Universität. Als ich einem Studenten davon erzählte, war seine Reaktion (denn ich war ja eine Sekretärin): „Dafür bist du zu dumm." Das habe ich nie vergessen und ich weiß noch sehr genau, dass ich damals den Entschluss fasste: Ich werde beweisen, dass ich es schaffe, dass Mädchen sehr wohl studieren und etwas erreichen können in der Gesellschaft. Ich war und blieb lange unsicher und habe jahrelang gegen meine Unsicherheit „angekämpft", indem ich mich immer wieder neu beweisen musste.
>
> Auch habe ich mir oft – um ein anderes Beispiel zu nennen – Sorgen darüber gemacht, was andere wohl von mir halten könnten. Der innere Kritiker hielt mich ständig unter Kontrolle, damit ich von anderen Menschen nicht abgelehnt wurde. Er war allen anderen immer einen Schritt voraus, um dafür zu sorgen, dass es nichts an mir auszusetzen gab. Trotzdem berichtete er mir in allen Farben und Facetten, was alles an mir nicht in Ordnung war. Oft fiel der Satz:

„Bleib mal schön auf dem Teppich", damit ich gar nicht erst auf den Gedanken kam, auffallen oder aus der Reihe tanzen zu wollen. „Wer hoch hinaus will, kann tief fallen" ist auch so ein Spruch, der viele von uns davon abhält, ihre Kreativität auszuleben.

Wenn Sie sich im Klaren darüber sind, wo die Aussagen Ihres inneren Kritikers ursprünglich herkommen, ist Ihnen auch bewusst, dass nicht Sie selbst für diese Glaubenssätze verantwortlich sind. Der nächste Schritt ist, den inneren Dialog mit dem Kritiker zu eröffnen. Das heißt, Sie versuchen herauszufinden, welche Sorge oder Angst den inneren Kritiker umtreibt. Sie können dazu auch gern Papier und Stift zur Hand nehmen, wenn das einfacher für Sie ist.

Innerer Kritiker: Arbeite nicht so viel. Das wird auf Dauer nicht gutgehen. Du musst aufhören mit der Plackerei und dem vielen Nachdenken.

Selbst: Ich höre, was du sagst, worüber machst du dir genau Sorgen?

Innerer Kritiker: Ich befürchte, dass du schon bald gar kein Sozialleben mehr haben wirst, dass du nur noch am Arbeiten bist und, dass deine Freunde dich im Stich lassen.

Selbst: Was kann ich tun, damit du dir weniger Sorgen machst?

Innerer Kritiker: Ich hätte gern, dass du dir am Wochenende frei nimmst und dich mit Freunden verabredest und, dass du dir mehr Zeit nimmst, um dich zu entspannen.

Selbst: Ich werde darüber nachdenken, es ist ja nicht so falsch, was du sagst, dass ich öfter einmal etwas Schönes machen sollte.

Soweit dieses Beispiel eines Dialogs mit dem inneren Kritiker. Der Dialog zeichnet sich durch eine gewisse Distanziertheit und Objektivität aus, durch klares Denken, ohne Beeinflussung durch die Gefühle und Reaktionen anderer. Somit ähnelt dieser Austausch einem Gespräch mit einem Freund, der sich Sorgen wegen irgendetwas macht. Man lässt sich nicht von Gefühlen mitreißen, sondern hört geduldig zu und hakt nach, um das Problem hinter dem Problem, beziehungsweise das wirkliche Anliegen des Gegenübers zu erfahren.

Hier noch ein Beispiel, wie der innere Kritiker aktiviert werden kann:

Meine Tochter sagt: Mama, das sieht nicht schön aus, mit den offenen Haaren.

Der innere Kritiker: Sie hat Recht, du siehst nicht gut aus mit den offenen Haaren, es steht dir nicht und es sieht doch viel ordentlicher aus, wenn die Haare zum Pferdeschwanz gebunden sind. (Meine Mutter hat mir während meiner Schulzeit nie erlaubt, die Haare offen zu tragen und ich habe es heimlich doch getan, sobald ich aus ihrem Blickfeld verschwunden war.)

Selbst: Worüber machst du dir Gedanken?

Innerer Kritiker: Ich möchte, dass du ordentlich und gepflegt aussiehst, damit niemand etwas zu bemäkeln hat.

Selbst: Wovor hast du sonst noch Angst?

Innerer Kritiker: Ich habe Angst, dass man dich ablehnen könnte.

Dieses Beispiel offenbart, wie eine Bemerkung im Hier und Jetzt die Vergangenheit beleben kann. Wenn Sie sich diese Verbindung bewusst machen, wird es einfacher, mit Bemerkungen umzugehen, die an Aspekte der Vergangenheit rühren. Ein erwachsener Mensch weiß, dass es nicht von offen getragenen Haaren abhängt, ob man als Person abgelehnt wird oder nicht und dass manche das offene Haar schön finden werden und wieder anderen wird es nicht gefallen. Es ist schlicht Ihre persönliche Wahl, Sie müssen nicht die Vorlieben anderer Menschen berücksichtigen, denn das ist sowieso nicht machbar.

ÜBUNG

Entwickeln Sie für sich einige Dialoge mit Ihrem inneren Kritiker und fragen Sie sich, welche Erkenntnisse Sie daraus gewinnen können.

Im nächsten Kapitel beschreibe ich einige Situationen am Arbeitsplatz, in denen es um Feedback geht.

8. | Feedback in der Praxis

In diesem Kapitel möchte ich anhand praktischer Beispiele das Feedbackgeben und -empfangen in der Arbeitswelt erläutern. Ich werde mich dazu mit verschiedenen Gesprächssituationen befassen, nämlich mit dem Mitarbeitergespräch, dem Beurteilungsgespräch, dem Disziplinargespräch und dem Schlechte-Nachrichten-Gespräch. Weiter möchte ich besprechen, wie man damit umgehen kann, wenn es auf das Feedback hin Widerstand gegen Veränderungen gibt, oder wenn Sie auf Widerstände stoßen, nachdem Sie – zum Beispiel – neue Pläne in einer Sitzung vorgestellt haben. Zum Schluss geht es um Kundenbeschwerden und, wie man am besten darauf reagieren kann.

8.1 Das Mitarbeitergespräch

In diesem Gespräch zwischen einer Führungskraft und einem Mitarbeiter geht es um die erzielten Fortschritte im Hinblick auf die vereinbarten Leistungskriterien, wie sie zum Beispiel in einer Jahresplanung zu finden sind. Es geht dabei auch um die Mittel und die Bedingungen, wie die Ziele erreicht werden können und darum, wie beide Seiten die (Zusammen-)Arbeit persönlich erleben. Das Gespräch dient beiden Seiten und ist zukunftsorientiert.

Beim Mitarbeitergespräch gibt der Chef einem Mitarbeiter Feedback und der Mitarbeiter gibt seinem Chef Feedback. Zuerst wird dargelegt, was alles gut gelaufen ist und welche Ergebnisse der Mitarbeiter bisher erzielt hat. Wenn Kompetenzentwicklung eine Rolle spielt, wird auch über den Stand der Dinge bezüglich dieser Entwicklung gesprochen. Egal ob zu Ergebnissen oder Kompetenzen: Das Feedback sollte spezifisch sein.

Als Nächstes werden jene Punkte besprochen, bei denen es noch Veränderungsbedarf gibt. Was hat noch nicht so gut geklappt? Wo sind Unterstützung und Begleitung nötig? Was kann der Mitarbeiter tun? Was kann der Chef tun? Auch in diesem Bereich muss das Feedback spezifisch und „to the point" sein.

Am Ende des Gesprächs werden neue Pläne und Vereinbarungen für die Zeit bis zum nächsten Mitarbeitergespräch formuliert.

Karin Alders ist Führungskraft im Sekretariat eines Ministeriums. Dort ist auch Rita Klein beschäftigt, die soeben eine Ehescheidung hinter sich hat. Karin ist sich bewusst, dass Rita noch viel zu verarbeiten hat und dass sie sich jetzt alleine um drei Kinder kümmern muss. Von früheren Mitarbeitergesprächen weiß Karin, dass es Rita schwerfällt, mit Kritik umzugehen. Sie geht meist direkt in die Verteidigung und es ist auch schon vorgekommen, dass sie in Tränen ausgebrochen ist oder den Raum verlassen hat.

Die Qualität von Ritas Arbeit hat deutlich nachgelassen: Aufgaben müssen regelmäßig nachgearbeitet werden, Rita arbeitet wenig konzentriert und vergisst manchmal, Termine in die Kalender der Mitarbeiter einzutragen, was regelmäßig zu einigem Durcheinander führt.

Karin hat in der Vorbereitung auf das Gespräch Mühe, aufzulisten, was in Ritas Arbeit alles gut läuft, der Ärger über die Fehler überwiegt eindeutig. Dennoch findet sie einen klaren Punkt, nämlich die gute Kundenorientierung. Das Telefon klingelt nie länger als dreimal, bevor Rita abhebt und sie begegnet jedem Anrufer ausgesprochen freundlich.

Karin notiert sich, welche Punkte verbessert werden sollten und sie legt ein Datum für ein Folgegespräch fest.

Gut vorbereitet geht Karin in das Mitarbeitergespräch, sie weiß, was sie will. Sie eröffnet das Gespräch mit der Frage an die Mitarbeiterin, wie diese ihre Arbeit im Sekretariat sieht. Rita antwortet, die Arbeit gefalle ihr sehr gut, sie würde sich aber wünschen, mehr Verantwortung zu haben.

Das ist ein Beispiel dafür, wie ein Mitarbeitergespräch misslingen kann. Wenn Sie einiges mitzuteilen haben, vor allem, wenn es dabei um Dinge geht, die eine Verbesserung verlangen, sollten Sie die Initiative ergreifen und das Gespräch lenken. Sonst droht Gefahr, dass es in eine völlig andere Richtung geht.

Beginnen Sie also zuerst mit dem Teil, der gut läuft:

Karin: „Was positiv hervorzuheben ist, ist Ihre gute Kundenorientierung. Ich habe gemerkt, dass Sie immer spätestens nach dem dritten Klingeln am Telefon sind und den Anrufern freundlich Auskunft geben.

Verbesserungswürdig ist das Führen des zentralen Terminplaners. Bereits zweimal hatte ich die Situation, dass Termine doppelt vergeben waren und ich deshalb Ärger mit Kollegen bekam. Ist Ihnen bewusst, dass Sie Fehler bei der Terminvergabe machen?"

In einem Mitarbeitergespräch kann auch die Arbeitsweise der Führungskraft thematisiert werden. Sie kann fragen, was der Mitarbeiter von ihrer Arbeit hält oder den Mitarbeiter gegen Ende des Gesprächs fragen, was er gut an dem Gespräch fand und was – seiner Meinung nach – besser gemacht werden könnte. Der Chef kann auch fragen, was der Mitarbeiter von den getroffenen Vereinbarungen hält. Diese Art von Feedback eignet sich dazu, herauszufinden, ob der Mitarbeiter bereit ist, sich an die gemachten Vereinbarungen zu halten und ob er sich auch verantwortlich dafür fühlt.

8.2 Das Beurteilungsgespräch

Ziel eines Beurteilungsgesprächs ist es, einem Mitarbeiter gegenüber Anerkennung für dessen Anteil am Gelingen der vorher vereinbarten Ziele auszusprechen. Der Vorgesetzte erklärt, worauf sich die Anerkennung genau bezieht und welche Konsequenzen sie für das Aufgabenfeld, die Karriereentwicklung und das Gehalt hat.

In vielen Unternehmen wird heute am Thema Kompetenzen gearbeitet, das heißt, der Vorgesetzte gibt auf einer Fünf-Punkte-Skala an, wie er die Entwicklung einschätzt. Das ist oft eine Herausforderung, weil es ziemlich schwierig ist, Kompetenzen zu konkretisieren bzw. die Frage zu beantworten: Zeigt der Mitarbeiter in seinem Verhalten diese Kompetenz ungenügend, mäßig, ausreichend, gut oder ausgezeichnet? Wichtig dabei ist, dass der Vorgesetzte objektive Kriterien entwickelt, mithilfe derer er einen Mitarbeiter beurteilen kann. Diese Kriterien müssen für den Mitarbeiter nachvollziehbar sein, egal ob die Beurteilung positiv oder negativ ausfällt.

> Tom steht ein Beurteilungsgespräch mit Esther, seiner Sekretärin, bevor. Er bereitet sich sorgfältig vor. Esther hat die vereinbarten Leistungskriterien alle erfüllt. Für drei der fünf Kompetenzen erhält sie die Bewertung „ausreichend", für eine die Bewertung „mäßig" und eine „gut". Die Kompetenz „Initiative ergreifen / proaktiv handeln" ist bei Esther noch mäßig entwickelt.
>
> Tom berichtet im Beurteilungsgespräch, dass Esther die vereinbarten Ziele erreicht hat und die meisten Kompetenzen bei ihr ausreichend bis gut entwickelt sind. Er gibt ihr Feedback bezüglich der Kompetenz „Initiative ergreifen" und sagt: „ Ich erwarte von Ihnen, dass Sie noch deutlicher die Initiative ergreifen und auch die Mitarbeiter dazu bringen, die in den Sitzungen besprochenen Maßnahmen rechtzeitig durchzuführen. Auch hätte ich gern, dass Sie etwas öfter selbstständig Termine für mich machen, ohne dass wir erst darüber reden müssen."
>
> Esther: „Ich tue, was ich kann, um die Mitarbeiter an die Maßnahmen zu erinnern und dafür zu sorgen, dass sie alles vor der nächsten Sitzung fertig haben, aber ich habe keine formalen Befugnisse. Wenn sie es also nicht machen, kann ich es nicht ändern."
>
> Tom: „Was brauchen Sie, um in diesem Punkt effektiver sein zu können?"
>
> Esther: „Ich finde, Sie müssten in den Sitzungen mit mehr Nachdruck darauf hinweisen, dass die Mitarbeiter Ihre Unterlagen rechtzeitig bei mir abgeben müssen. Dann kann ich nach der Sitzung jedem Einzelnen eine Mail mit den abzuarbeitenden Punkten schicken."

In diesem Beispiel kommen Tom und Esther zu konkreten Absprachen bezüglich der Kompetenz „Initiative ergreifen". Oft ist es aber so, dass Mitarbeiter auf die Kritik an der Entwicklung einer Kompetenz mit Widerstand reagieren. In solchen Fällen ist es empfehlenswert, zuerst mit dem Mitarbeiter zu erarbeiten, ob er diese Kompetenz nicht verbessern möchte oder nicht verbessern kann. Viele Führungskräfte fürchten Widerstand in Beurteilungsgesprächen. Auch hier gilt: Formulieren Sie so konkret wie möglich, sagen Sie dem Mitarbeiter ganz klar, welches Verhalten Sie von ihm erwarten. Wenn nötig, haken Sie nach und finden Sie heraus, was der Mitarbeiter an Unterstützung braucht, um die gewünschte Kompetenz zu entwickeln. Neben dem Vorgesetzten kann auch ein Kollege, der die entsprechende Kompetenz besitzt, diesen Mitarbeiter begleiten.

8.3 Das Disziplinargespräch

Ein Disziplinargespräch ist immer dann erforderlich, wenn ein Mitarbeiter gravierendes Fehlverhalten zeigt und direktes Feedback und / oder die bisherigen Gespräche nicht gefruchtet haben. Disziplinargespräche sind heikel und schwierig, weil sie sich oft in gegensätzlichen Darstellungen des Sachverhalts durch den Vorgesetzten und den Mitarbeiter verlieren. Der Vorgesetzte hält dann einen Monolog mit verärgertem Unterton, weil der Mitarbeiter wichtige Regeln missachtet hat. Der Mitarbeiter fühlt sich ertappt und bestraft und weigert sich, den Fehltritt einzugestehen, beziehungsweise, er weist jeden Vorwurf zurück.

> Gert arbeitet bei einem Bauunternehmen als Bauführer. Er regelt alles Notwendige mit Lieferanten und Subunternehmern, sorgt dafür, dass die einzelnen Materialien rechtzeitig vor Ort sind und dass genügend Mitarbeiter da sind, um die Aufträge rechtzeitig fertigzustellen. Zum Lieferanten Peters hat er einen sehr guten Draht. Dieser besitzt ein Haus in Spanien, wo Gert zwei Wochen kostenfrei Urlaub machen darf. Der Werksleiter findet heraus, dass Gert zum Nulltarif im Haus von Peters wohnt. Das ist ein Verstoß gegen die internen Verhaltensregeln. Er trifft Gert zu einem Disziplinargespräch.

Unerwünschtes Verhalten dieser Art kommt in Unternehmen häufig vor: Geschenke von Lieferanten annehmen, die Sicherheitsvorschriften missachten, während der Arbeitszeit im Internet surfen. Überall gibt es Grenzen, sie sind aber immer verschieden. Wenn Sie ein Disziplinargespräch zu führen haben, sollten Sie die Fakten kurz und deutlich benennen, ohne Bewertung.

> „Ich habe gehört, dass Sie zwei Wochen im Haus von Peters in Spanien Urlaub gemacht haben. Ist das richtig? Das ist gegen unsere betrieblichen Regeln."

Wenn der Mitarbeiter den Sachverhalt einräumt, können für zukünftige Situationen Vereinbarungen getroffen werden. Wenn der Mitarbeiter den Sachverhalt leugnet oder wenn er sagt, es habe doch nichts mit den Firmenregeln zu tun, wenn er zwei Wochen im Haus eines Freundes wohnen darf, können Sie versuchen, dem Mitarbeiter zu erklären, dass Geschäftliches und Privates künftig getrennt werden müssen.

8.4 Das Schlechte-Nachrichten-Gespräch

Ein Schlechte-Nachrichten-Gespräch kann zum Inhalt haben, dass Sie jemandem kündigen müssen. Die Kritik an dem Mitarbeiter ist so massiv, dass Sie sich zu diesem Schritt entschlossen haben. Es ist wichtig, dass Sie, was die Kritik angeht und die Gründe für die Kündigung, sehr konkret sind. Sagen Sie dem Mitarbeiter knapp und deutlich, was die wichtigsten Gründe für die Kündigung sind. Diskutieren Sie nicht über die Gründe, aber reagieren Sie auf die Emotionen, egal, ob es um Wut oder Trauer geht oder ob der Mitarbeiter eine Vorwurfshaltung einnimmt. Gehen Sie keinesfalls in die Verteidigung, denn Sie als Vorgesetzter haben Ihre Entscheidung getroffen und Sie machen sie nicht mehr rückgängig. Bleiben Sie bei der kurzen und sachlichen Botschaft, stellen Sie sicher, dass Sie selbst nicht emotional reagieren.

> „Wir haben in den letzten drei Monaten wöchentlich Gespräche über den Stand der Dinge und die Fortentwicklung geführt. Das Ergebnis ist, dass sich Ihr Verhalten immer noch nicht gebessert hat. Ich habe beschlossen, Ihnen deswegen zu kündigen."

Ein anderes Beispiel für ein Schlechte-Nachrichten-Gespräch ist, dass Sie jemanden darüber informieren müssen, dass er nicht für eine Beförderung in Betracht kommt. Sie erklären dann sehr klar und den Regeln für das Geben von Feedback entsprechend, was dieser Mitarbeiter schon sehr gut macht und wo er sich weiterentwickeln muss, wenn er eine Beförderung anstrebt. Auch hier werden Sie sich den Emotionen stellen müssen, weil Menschen, die mit einer Beförderung gerechnet haben, ihre Enttäuschung zeigen werden. Nachdem Sie die emotionale Reaktion abgefangen haben, könnten Sie zu einem späteren Zeitpunkt gemeinsam mit dem Mitarbeiter einen persönlichen Entwicklungsplan erarbeiten.

8.5 Mit Widerstand umgehen

In Unternehmen und Institutionen trifft man häufig auf Widerstand gegen Veränderungen. Das können neue Arbeitsabläufe sein, die Zusammenlegung zweier Abteilungen oder eine von einem Mitarbeiter geforderte Verhaltensänderung. Widerstand bedeutet faktisch Kritik an den Veränderungs- oder Verbesserungsvorschlägen.

> Linda ist im Qualitätsmanagement eines Lebensmittelbetriebes tätig. Wer im Labor arbeitet, muss einen weißen Kittel und eine Kopfbedeckung tragen. Linda sieht, dass sich einer der Chemiker in seiner normalen Kleidung im Labor aufhält. Sie spricht ihn später darauf an.

> „Ich habe gesehen, dass Sie am Montagmittag keinen Kittel anhatten und das habe ich vorher auch schon einige Male beobachtet. In den Arbeitsvorschriften ist festgelegt, dass jeder einen weißen Kittel und eine Kopfbedeckung tragen muss."
>
> Der Chemiker fühlt sich ertappt und reagiert mit Widerstand.

Wenn sich jemand bei einer Regelverletzung ertappt fühlt, kommt es oft zu Widerstand, denn viele Menschen wollen ihre Fehler nicht einsehen. Gehen Sie nicht auf den Widerstand ein, sondern sprechen Sie nur über das künftige Verhalten und die entsprechenden Vereinbarungen dazu. Hier bedeutet es: Der Wissenschaftler muss künftig wieder einen weißen Kittel tragen.

> Maria hat einen Plan für neue Arbeitsabläufe entwickelt. Im Betrieb soll effektiver gearbeitet werden, es geht um kurze Arbeitswege und effiziente Strukturen. Maria ist sehr angetan von ihren Überlegungen und präsentiert der Montageabteilung ihre Pläne.
>
> Für die Mitarbeiter der Montageabteilung beinhalten die Pläne, dass ihre Arbeitsplätze anders eingerichtet werden. Nach dem Umbau könnten sie den ganzen Tag an ihrem Platz bleiben und müssten nicht mehr ständig zwischen Arbeitsplatz und Lager hin- und herwechseln. Das käme der Produktivität insgesamt zugute. Die Mitarbeiter wehren sich. Maria fühlt sich persönlich angegriffen und lässt sich auf eine Diskussion ein.

Haben Sie mit Widerstand gegen Veränderungen zu tun, lassen Sie sich besser auf keine Diskussion ein. Erfragen Sie stattdessen, welche Sorgen sich hinter dem Widerstand verbergen. Die Kunst besteht darin, gut zuzuhören und die eigenen Argumente vorübergehend zur Seite zu schieben. Haken Sie nach und bitten Sie die Betroffenen, konstruktive Vorschläge zu machen. Geben Sie Ihre Pläne nicht auf, aber sehen Sie die Kritik als Möglichkeit, sie zu verbessern und zu vervollkommnen. Die größte Falle bei Widerstand ist, sich der Kritik zu verschließen und die eigenen Pläne durchsetzen zu wollen, weil man sie für die beste Lösung hält.

8.6 Mit Beschwerden umgehen

Auch Beschwerden sind eine Form der Kritik. Das können interne Beschwerden sein, etwa von Mitarbeitern, oder externe Beschwerden, etwa von Kunden. Viele solcher Beschwerden lassen sich mit geringem Aufwand aus der Welt schaffen, beispielsweise indem man ein beschädigtes Produkt umtauscht. Beschwerden hingegen, die Ihr Verhalten im Umgang mit Kunden betreffen, sind schwieriger zu klären.

> Jochen arbeitet in der Verkaufsabteilung eines Sanitärbetriebs. Er hat mit einem Kunden abgemacht, dass die bestellten Teile am Donnerstag geliefert werden. Am Freitagmorgen ruft der Kunde (ein Klempner) aufgebracht an, dass er die Teile immer noch nicht bekommen hat und

auf seiner Baustelle nicht weiterarbeiten kann. Jochen hört sich die Beschwerde an und ermöglicht dem Kunden, seinem Ärger Luft zu machen. Er zeigt Verständnis für den Ärger und sucht dann gemeinsam mit dem Kunden nach einer Lösung. Die sieht so aus, dass die fehlenden Teile innerhalb der nächsten Stunde geliefert werden können.

Beim Umgang mit einer Kundenbeschwerde ist es wichtig, die Beschwerde zu akzeptieren und zusammen mit dem Kunden über eine Lösung nachzudenken. Wenn Sie sich bei einer Beschwerde verteidigen oder jemand anderem die Schuld geben, tappen Sie in eine Falle. Der Kunde interessiert sich meistens nicht dafür, wie es zu dem Problem kam, er möchte von Ihnen einen Lösungsvorschlag.

Ein anderer Anlass zum Umgang mit Beschwerden sind Mitarbeiter, die ärgerlicherweise ständig über alles und jeden jammern und klagen. Im Jammern bzw. im Opferverhalten zeigt sich bei vielen Menschen die Allergie (siehe Kernquadrat). Das hat zur Folge, dass den Klagenden gar nicht zugehört wird, sie werden nicht ernst genommen – und setzen ihr Verhalten fort. Wenn Sie klagende Menschen in Ihrem Umfeld haben, haken Sie einmal nach und versuchen Sie herauszufinden, welche Wünsche sich hinter den Klagen verbergen. Was wollen die klagenden Menschen ändern? Nehmen Sie sie ernst, und wenn Sie etwas ändern können, tun Sie es. Wenn an der Sache nichts zu ändern ist, und die Klagenden weiterhin die Atmosphäre vergiften, sollten Sie das Gespräch mit ihnen suchen und in Ihrer Kritik und dem gewünschten Verhalten sehr spezifisch sein.

Dies waren einige Situationen aus der Praxis, in denen der Umgang mit Kritik eine wichtige Rolle spielt.

Gekonnt mit Kritik umzugehen ist in Unternehmen und Institutionen eine wichtige Kompetenz von Mitarbeitern und Führungskräften. Mit diesem Buch möchte ich dazu beitragen, dass Sie Ihre Möglichkeiten und Fähigkeiten im Umgang mit Kritik – sowohl was das Äußern von Kritik betrifft als auch das Entgegennehmen – erweitern und vertiefen.

Ich hoffe sehr, dass Sie durch die Lektüre dieses Buches Einsichten gewonnen haben, die Ihnen in Fragen des Feedbackgebens und Feedbackempfangens weiterhelfen – im privaten Umfeld genauso wie in Arbeitssituationen.

Literatur

BOSCH, I. (2003): *Illusies, over bevrijding uit de doolhof van destructieve emotiies.* Amsterdam: Veen.

BOSCH, I. (2011): *Der Schlüssel zur inneren Heilung.* Berlin: Ullstein.

DIRKX, C. & KOOPMANS, M. (1996): *Feedback, commentaar geven en ontvangen.* Zaltbommel: Thema.

FITTKAU, B.; MÜLLER-WOLF, H.M. & SCHULZ VON THUN, F. (1994): *Kommunizieren lernen (und umlernen).* Aachen: Hahner Verlagsgesellschaft (Abschnitt: Psychologische Vorgänge in der zwischenmenschlichen Kommunikation).

IJZERMANS, TH. & BENDER, R. (2012): *Wieder Ärger im Büro? Mit Emotionen am Arbeitsplatz konstruktiv umgehen.* Hogrefe.

IJZERMANS, TH. & BENDER, R. (2013): *Wie mache ich aus einem Elefanten wieder eine Mücke? Mit Emotionen konstruktiv umgehen.* Göttingen: Hogrefe.

JAMES, T. & WOODSMALL, W. (1991): *Timeline: NLP-Konzepte zur Grundstruktur der Persönlichkeit.* Paderborn: Junfermann.

KOOPMANS, M. (2006): *Coachend leiderschap.* Zaltbommel: Thema.

OFMAN, D. (2005): *Qualität und Inspiration. Zugangswege zur Kreativität.* Hamborn: WiKu-Verlag.

ROBBINS, A. (2004): *Grenzenlose Energie – Das Powerprinzip: Wie Sie Ihre persönlichen Schwächen in positive Energie verwandeln.* Berlin: Ullstein.

SCHILDER, B. (2003): *Hoe zal ik het zeggen? Over lastige gesprekken op het werk.* Zaltbommel: Thema.

SCHULZ VON THUN, F. (2008): *Miteinander reden. Störungen und Klärungen.* Reinbek: Rowohlt.

STONE; H. & STONE, S. (1994): *Du bist viele. Das 100fache Selbst und seine Entdeckung durch die Voice-Dialogue-Methode.* München: Heyne.

STONE; H. & STONE, S. (1997): *Abenteuer Liebe. Lebendige Partnerschaft.* München: Kösel.

STONE; H. & STONE, S. (1997): *Du bist richtig. Mit der Voice-Dialogue-Methode den inneren Kritiker zum Freund gewinnen.* München: Heyne.

Konflikte lösen durch Mediation

272 Seiten, kart. • € (D) 26,90 • ISBN 978-3-87387-724-5

REIHE KOMMUNIKATION • Mediation

Auch als E-Book

LIV LARSSON
»Begegnung fördern«

Mit Gewaltfreier Kommunikation vermitteln.

Mediation in Theorie und Praxis

Hatten Sie schon häufiger den Wunsch, in Konflikten dazu beitragen zu können, dass Menschen wieder miteinander in Verbindung kommen? Egal ob Sie es mit streitenden Kindern oder Erwachsenen, mit Auseinandersetzungen am Arbeitsplatz oder in Familien zu tun haben: Dieses Buch hilft Ihnen, Begegnung und Verbindung zwischen Menschen zu fördern. Es enthält sowohl Gedanken zu Themen wie Rache, Vergebung und Versöhnung als auch praktische Übungen, um sich auf eine Mediation zwischen Individuen oder in Gruppen vorzubereiten.

Liv Larsson, bildet in vielen Ländern der Welt GFK-Trainer und Mediatoren aus. Ihr besonderes Anliegen ist, Mediation im Kontext eines gesellschaftlichen Wandels, hin zu lebensdienlicheren Strukturen, zu sehen.

Liv Larsson beleuchtet Strukturen, die auf die Beherrschung anderer abzielen und gibt dem Leser Werkzeuge an die Hand, um lebensdienliche Systeme zu erschaffen. Hierfür sind ganz praktische und vor allem erlernbare Fertigkeiten vonnöten, die der Leser sich mithilfe der im Buch vorgestellten Übungen aneignen kann.

Entwickeln Sie Ihre Ausstrahlung

80 Seiten, kart. • € (D) 9,95 • ISBN 978-3-87387-762-7

STÉPHANE ETRILLARD

»Charisma«

Einfach besser ankommen

Erfahren Sie mehr über das Phänomen Charisma, indem Sie das Buch von Stéphane Etrillard zur Hand nehmen und finden Sie heraus, wie auch Sie Charisma entwickeln können.

Stéphane Etrillard beantwortet in seinem Buch 55 Fragen rund um das Thema Charisma. Dabei nennt er klare Kriterien, die einen charismatischen Menschen ausmachen und zeigt auf, dass Charisma durchaus erlernbar ist. Etrillard legt dar, wie es einem jeden gelingen kann, durch Persönlichkeitsentwicklung und Optimierung der Ausstrahlung Charisma zu erwerben.

Stéphane Etrillard (geb. 1966) gilt als führender Experte zum Thema »persönliche Souveränität«. Bei Führungskräften ist er als »Trainer der neuen Generation« gesucht und bekannt. Mit seinen Seminaren in den Bereichen Rhetorik / Dialektik sowie Selbst-PR verhilft er den Teilnehmern zu mehr Souveränität in allen Lebenslagen.